야마센 홀로 지키다

야마센 홀로 지키다

약자와 연대한 뜨거운 양심, 야마모토 센지

초판 1쇄 발행 2019년 5월 28일

엮은이 우지 야마센회·황 자 혜

펴낸이 백재중   만든이 조원경   꾸민이 박재원

펴낸곳 건강미디어협동조합   등록 2014년 3월 7일 제2014-23호

주소 서울시 중랑구 사가정로49길 53   전화 010-4749-4511   팩스 02-6974-1026

전자우편 healthmediacoop@gmail.com

값 13,000원   ISBN 979-11-87387-11-4 03910

여러분의 참여로 이 책이 태어났습니다.
씨앗과 햇살이 되어주신 분들께 참 고맙습니다.

구정욱 김경만 김동은 김만중 김미정 김민성 김봉구 김소양 김신애 김영희
김정은 김종희 김주연 김지석 김지영 김지현 김진형 김창엽 김혜준 김홍식
김희용 남정선 노태맹 문현아 박 건 박복선 박왕용 박유경 박중현 박찬호
박철민 방정윤 백미숙 백윤경 백재중 백정현 변혜진 석만숙 송현석 송홍석
심규호 심재식 안수경 양주희 오성진 오성희 우석균 유소영 유재미 윤영돈
이경훈 이낙용 이미라 이보라 이상윤 이승하 이승홍 이인석 이종훈 이태관
임성미 임승관 임지연 장창현 정다운 정성훈 정연두 정일용 조연숙 조원경
조정아 차경선 채찬영 최봉섭 최현삼 하누리 하병민 황선우 황지우 황혜인
Howard Waitzkin (81명)

우지 야마센회

1983년 야마모토 센지의 업적을 널리 알리기 위해 조직
교토 우지에서 추모제, 영화 상영회, 강연회 등을 개최하고 정기적으로 기관지를 발행하며
야마센 관련 자료 수집, 보존, 출판 활동을 계속 진행

황자혜

계간 『리뷰』 편집기자와 시민단체 미디어 운동 간사를 거쳐 2000년부터 도쿄 주재
『한겨레21』 도쿄 전문위원, 영화진흥위원회 일본 주재원
미디어 현지 코디, 다양한 분야의 코디네이터와 통역을 담당

야마센

홀로

약자와 연대한
뜨거운 양심,
야마모토 센지

지키다

우지 야마센회
황자혜
엮음

건가
미디어
협동조합

야마센, 일본과 한국 민중 연대의 지표

홍세화 · 『나는 빠리의 택시운전사』 저자, 노동당 고문, 장발장은행장

당연한 일입니다만, 야마센이 맞서 싸웠던 일본의 치안유지법은 식민지 조선에서 민족해방운동을 탄압하는 데에 적용되었습니다. 이 법에 따라 수많은 사람들이 고문당하고 구속되고 목숨을 잃었습니다. 일본에서처럼 식민지 조선에서도 악명을 떨쳤던 치안유지법은 일제가 패망된 뒤 한국에서 강력한 모습으로 되살아났습니다. 1948년 12월1일 국가보안법이 제정되었던 것입니다. 실제로, 이 법은 치안유지법을 본뜬 것이었습니다.

1923년 9월1일 발생한 간토 대지진에 연원을 두고 있는 치안유지법과 마찬가지로, 국가보안법은 체제보안법, 정권유지법에 가까웠고, 이승만 독재정권, 박정희/전두환 군사독재 정권 등을 강화,

유지하고 민주인사들을 탄압하는 강력한 도구였습니다. 수많은 사람들이 고문당하고 구속되고 목숨을 잃었습니다. 그 모질고 긴 행렬의 앞쪽에, 일찍이 일본 의회에서 치안유지법 개악에 맞서 외롭게, 그러나 의연히 싸웠던, 그리하여 기어이 목숨까지 잃었던 야마센이 있습니다.

저는 야마센을 기리는 이 책을 통해 한국인들이 국가주의의 폭력 아래 조선과 한국의 민중만이 아니라 수많은 일본 민중도 박해당하고 희생되었다는 점을 인식할 수 있기를 바랍니다. 또 인간 본연의 양심의 자유, 사상의 자유를 지키기 위해 국가주의 체제에 맞섰던 야마센에게서, 빅토르 위고의 표현을 빌려, '혁명의 절대성' 위에 있는 '인간의 절대성'을 발견하기를 바랍니다.

야마센에게서 혁명가에 앞서 휴머니스트의 모습을 보는 게 저만의 일은 아닐 듯합니다. 야마센, 실로 그는 길지 않은 생을 통해 '인간의 절대성'을, 그 가치를, 그 진수를 보여주었습니다!

생물학자인 야마센이 당시 부국강병을 목표로 하는 국제 경쟁의 상황 아래 일본의 출산 장려 정책에 반기를 들었던 것도 휴머니스트로서의 면모가 반영된 것이었습니다. 그가 당시 민중에게 산아를 조절할 수 있도록 하기 위해 적극적으로 나섰던 것은 민중이 전체주의 국가의 소모품이 아니라 행복을 추구할 권리를 가진 자유인이라는 신조에서 비롯된 것이었지요. 그는 과학자로서도 인간은 위하는 존재로서 목적이지 이용하는 도구로서 수단이 아니라는 정언명령을 흔들림 없이 수행했습니다.

언뜻 유약하게 느껴지는 그의 내면에 강고함이 있었습니다. 이 모순은 실상 모순이 아닙니다. 그는 인간 앞에서는 한없이 따뜻하고 부드럽지만, 국가주의를 비롯해 노동자와 농민 등 사회적 약자들을 억압하고 수단으로 삼아 총알받이로 만들기도 하는 지배체제에 대해서는 한 치의 양보도 없이 저항했던 고결한 인간 정신의 소유자였습니다.

굴곡진 역사 때문이겠지요. 일본과 한국은 지리적으로는 가까운 이웃이지만 서로를 인식하는 데에 있어서는 먼 존재였습니다. 한국의 진보좌파 정당에 몸담고 있는 저 자신도 야마셴의 투쟁에 관해서는 이 책의 원고를 접하기 전까지는 어렴풋이 알고 있었을 뿐입니다. 참으로 부끄러운 일입니다.

우리가 일본 정권과 일본 민중을 동일시하지 않아야 하는 것은 야마셴이 살았던 지난날이나 아베가 집권하고 있는 오늘이나 마찬가지일 것입니다. 그러나 한국의 대중의 대부분은 이 간단한 구분조차 잘 하지 않고 있습니다. 일본의 대중도 마찬가지일 것입니다. 양국의 우익 위정자들이 파놓은 함정에서 벗어나지 못해, 한쪽에서는 '혐한(嫌韓)'으로, 다른 쪽에서는 '반일(反日)'로 수렴되는 모습을 보이고 있으니까요.

이와 같은 잘못된 인식에서 벗어나기 위해서도 일본과 한국의

야마센 묘비 탁본

민간 차원의 소통과 연대 활동은 무척 중요합니다. 이 책이 한국에서 널리 읽히기를 바라는 까닭입니다. 야마센은 그의 인간애와 애민 정신으로 일본과 한국의 민중을 연결시켜 주는 훌륭한 지표가 될 것입니다.

　연로한 분들은 '구라파 전쟁'이란 말을 자주 들었을 것입니다. 실상 구라파는 오랜 동안 전쟁의 도가니였습니다. 특히 프랑스와 독일은 항상 적대적이었고 수많은 전쟁을 치른 당사국이었습니다. 그 숱한 전쟁이 독일과 프랑스 양국 민중의 의지가 아니었음은 분명합니다. 이 점을 알아차리기가 어려운가요? 그렇지 않을 것 같지만, 위정자들의 배타적 민족주의 언설에 쉽게 휘둘리는 것 또한 대중의 자화상이기도 합니다.
　독일과 프랑스가 유럽 연합의 결성을 통하여 '구라파 전쟁'을 역사의 유물로 만들 수 있었던 것은 미국과 소련이라는 헤게모니 국가들의 출현도 작용했겠지만 더 이상 적대적 전쟁을 해서는 안 된다는 두 나라 민중의 염원이 만나지 않았다면 불가능했을 것입니다.

제가 이 말을 꺼내는 것은 두말할 것도 없이 "전쟁을 포기한다"는 일본 헌법 9조를 지키려는 일본 민중의 염원에 한국 민중이 연대해야 한다는 점을 강조하기 위해서입니다. 그것은 동북아 평화와 직결되는 엄중한 과제로서, 야마센의 정신이 오늘 우리에게 요구하는 것이기도 합니다.

전체주의 일본의 유물인 치안유지법을 모태로 하는 국가보안법은 아직 한국에 살아 있습니다. 중동에서 내란이 발생하고 테러 사태가 일어나자 일본과 한국의 우익은 똑같이 테러를 방지한다는 명목의 법안을 제출하였습니다.

저는 두 우익 세력의 유사성에 실소를 금치 못했습니다. 그러나 국민의 반 이상이 국내외의 난민 처지가 된 시리아 민중들이 보여주는 것은 무엇일까요?

그것은 바로 두렵고 무서운 것은 테러가 아니라 전쟁과 폭정이라는 점입니다. 이를 누구보다도 야마센이 오래 전에 가르쳐 주지 않았던가요?

진심으로 기쁘고
감사합니다

우지 야마센회 宇治山宣會

『민중과 함께 걸은 야마모토 센지』 한글판 출간을 축하합니다

야마모토 센지 탄생 120년을 기념해 우지 야마센회가 출판한 『민중과 함께 걸은 야마모토 센지』의 한글판 번역 출판을 진심으로 기쁘게 생각합니다. 모든 관계자 분들의 노력에 진심어린 감사의 말씀 드립니다. 여기서는 본문에 자세히 씌어 있지 않은 몇 가지를 전하고자 합니다.

첫 번째, 야마센에 관한 수많은 자료가 야마센의 고향 우지 시宇治市 하나야시키花屋敷에 남아 있습니다.

야마센이 살았던 치안유지법 하 전쟁 전 일본에서는 사회변혁을 요구하는 활동을 한 민중 관련 자료는 특별고등경찰에 의해 모조리 압수되어 거의 남아 있지 않습니다. 그러나 야마센이 살았던 하나야시키에는 다수의 자료가 남아 있습니다. 이는 어머니 다네가, 야마센이 모은 자료의 중요함을 알고 하나야시키 구관 창고 2층에 망가진 여러 도구들 뒤편에 감추어 관헌의 압수를 피한 결과입니다.

하나야시키에 남아 있던 자료는 야마센의 일기, 공책, 편지, 신문 스크랩북, 메모, 포스터, 전단, 성교육 설문지, 학생들의 보고서와 농민조합, 노농당 등의 통지문 묶음, 잡지, 소장 서적, 야마센 와타마사 노농장 필름 등 방대한 양으로, 소형 트럭 3대 분에 달합니다.

이 자료들은 야마센이 옛날 교수로 있던 도시샤 대학에서 1964년 5월 28일에 '도시샤 야마센 제'가 열리는 때, 도시샤 야마센회 멤버가 하나야시키를 방문해서 발견했습니다.

그 후 도시샤 대학 인문과학연구소와 도시샤 야마센회에서 5년의 시간을 들여 분류 정리하고, 『야마모토 센지 관계자료 목록』(상하 2권)으로 만들어냅니다.

이 조사 후 자료는 하나야시키 구관 홀 2층에 옮겨져 보관됩니다. 야마센 사후 50주년인 1979년에는 하나야시키 부지 내 흙으로 지어지고 철근으로 보수 강화한 일본식 창고로 옮겨집니다. 귀중한 자료이므로 화재 등의 위험으로부터 지키려는 조치도 취합니다. 자료는 원칙적으로 비공개입니다만 사전 예약을 한 연구자나 견학 희망자들에게는 보여드리고 있습니다.

이 자료관이 생겨난 후에도 야마센의 데스마스크와 커다란 사면도, 유화 그림, 글, 편지 등 귀중한 자료가 전국 각지에서 발견되고 기증도 되어 당초보다 충실해졌습니다. 그러나 시간이 경과해 바닥은 닳고, 보수 공사가 필요하게 되었습니다. 자료관이 충분히 활용되려면 자료 수집, 보관, 분류뿐 아니라 공개 가능한 상황 조성이 더욱 중요하리라 봅니다.

두 번째, 도시샤 대학에서 생물학을 강의한 야마센의 유품 중에는 1926년 발행한 교토 주재 조선유학생 학우회 기관지『학조 学潮』창간호가 있습니다.『학조』에는 최현배의 「기질론」, 정지용의 시 「카페 프랑스」 등과 함께, 야마모토 센지가 조선 유학생을 격려하는 기고문 및 야마센 자신이 주간하는『성과 사회』광고도 실려 있습니다. 야마센이 물심양면으로 지원하고 있음을 알 수 있습니다.

최현배는 시인 윤동주의 연희전문학교 시절 은사이며, 정지용은 윤동주가 동경한 시인으로 야마센의 생물학 수업을 수강했습니다. 윤동주는 도시샤 대학 유학중인 1943년 7월, 조선독립운동에 관여한 혐의로 치안유지법으로 체포되어, 1945년 2월 16일에 27세의 젊은 나이로 옥사합니다. 야마센이 목숨 걸고 반대한 치안유지법으로 조선 유학생들이 희생되었음을 우리는 결코 잊어서는 안 될 것입니다.

아울러, 시인 윤동주가 체포 직전에 학우들과 우지를 방문해, 아마가세天ヶ瀬 현수교에서 기념사진을 찍고, 반합에 밥을 지어 먹고,

정자, 난자, 도롱뇽을 담아 야마센이 만든 도장

아리랑을 불렀던 강가 모래밭을 바라보는 땅에 2005년 공동대표 안자이 이쿠로安斎育郎*, 스다 토오루須田稔*, 한국의 박창희 교수로 발족된 '시인 윤동주 기념비 건립 위원회'가 오랜 동안 끈질기게 운동한 끝에 2017년 10월 「시인 윤동주 기억과 화해의 비」를 건립했습니다.

세 번째, 야마센 사후 우지에서는 야마센 추모 사업을 오늘까지 계속 진행하고 있습니다. 기록에 의하면 종전 직후인 1945년 12월 16일에 전후 첫 야마센 추모제가 열렸습니다. 묘소 앞에서의 추모제, 당시 야마센 본고장에 있던 영화관 '쇼와칸昭和舘'에서의 강연회도 개최되었습니다.

야마센 묘소 앞 추모제(이하 '추모제')라는 명칭으로 개최된 것은 1949년 3월 5일입니다. 당시는 야마센과 함께 활동한 동지들이 다수 생존해 계셔, 그분들이 추모제 준비의 중심 역할을 했습니다. 방명록을 보면 야마센과 함께 활동한 노세 가츠오能勢克男 도시샤 대학 교수, 야마우치 도시히코山内年彦 교토 대학 교수, 일본공산당 다니구치 젠타로谷口善太郎 의원, 유가족인 야마모토 에이지山本英治*,

야마나카 헤이지 등이 주축이었습니다. 스미야 에츠지住谷悦治(경제학자), 스에가와 히로시末川博(민법학자, 교토 제국대학 교수, 전후 리츠메이칸 대학 학장), 신무라 다케시新村猛(프랑스 문학자, 언어학자, 전 나고야 대학 명예교수), 니나가와 도라죠蜷川寅三(전 교토 부京都府 지사) 등 전국 각지 저명 인사들의 서명 기록이 있어, 야마센의 훌륭함을 알 수 있습니다. 당시는 '야마센회'로 불렀습니다.

그러한 동지들도 세월이 흐르면서 차례로 거동을 못하게 되고, 1959년 서거 30주년 즈음부터는 추모제 개최 주체가 우지 야마시로山城 지역의 노동조합과 민주단체로 구성된 실행위원회로 바뀌어 오늘날까지 계속되고 있습니다.

그러나 야마센의 공적을 세상에 알리는 운동을 일상적으로 진행하기 위해서는 상존하는 조직이 필요하다는 목소리가 높아지고, 1983년에 '우지 야마센회'가 부활, 1994년에 현재의 우지 야마센회가 재편 강화되었습니다.

우지 야마센회는 첫째로 매년 3월 5일을 중심으로 추도식 및 기념사업, 둘째로 야마센의 업적을 널리 알리기 위한 강연회 개최와 기관지 발행, 셋째로 야마센 관련 자료 수집과 보존 및 출판, 넷째로 각지 야마센회와 교류를 목적으로 활동하고 있습니다.

우지 야마센회는, 실행위원회 사무국 단체로서 운영의 중심을 담당하고, 야마센의 기일인 3월 5일에 추모제를, 탄생 기념일인 5월 28일 전후로는 기념집회를 개최합니다. 또한 적절히 뉴스를 발행하고 매년 12월에는 책자 『야마센』을 발간합니다. 그 해 있었던

『민중과 함께 걸은 야마모토 센지』
표지

야마센 관련 행사 등의 보고와 유족들의 모습, 각지 야마센회의 활동 보고, 야마센을 그리며 드는 생각 등을 게재하는 이 『야마센』은 2019년 현재 24호가 발간됐습니다.

네 번째, 야마센을 더 깊이 있게 전하기 위해 중요한 서적과 영상을 소개합니다. 우선 야마센 연구의 제1인자인 고 사사키 도시지佐々木敏二가 쓴 『야마모토 센지』(상하, 후지不二 출판, 개정판)입니다. 이것은 하나야시키에 남겨진 자료에 근거해, 야마센의 생애를 가능한 한 사실에 입각해 쓴 것으로, 야마센의 전체상을 아는 데 최고의 결정판입니다.

다음으로 작가이자 일본공산당 교토 시 의회 의원이었던 니시구치 가츠미西口克己가 몇 번이고 하나야시키를 방문해 야마센의 어머니 다네로부터 들은 이야기를 쓴 소설 『야마센』(오사카 야마센회, 복각판)입니다. 이 소설에 기반해 야마모토 사츠오 감독이 영화 「무기 없는 싸움」을 노동자 성금으로 1960년에 만듭니다.

야마센과 가족들의 사진은 사사키 도시지와 오다기리 아키노리小田切明德가 편찬한 『야마모토 센지 사진집』(후지 출판)이 있으나 절판되었습니다. 근간 서적으로 사회운동사 연구자인 리츠메이칸 중고등학교 교사, 리츠메이칸 대학 겸임강사인 혼조 유타카本庄豊 저작 『우생사상과의 결별-역사와 야마모토 센지에게서 배우다』(군죠사群青社)가 있습니다.

기록 영상으로는 야마센 사망 직후 도쿄에서의 장례 행진과 유골이 우지로 돌아왔을 때의 모습을 관헌의 감시를 피해가며 찍은 「야마모토 센지 고별식」(야마센 와타마사 노농장)이 남아 있습니다. 영상 기록의 중요성을 역설한 야마센의 동지 타무라 유키오의 추천에 대응해 어머니 다네가 촬영 비용의 전액을 대고, 프로키노(프롤레타리아영화동맹) 멤버가 촬영한 것입니다. 꼭 보시길 추천합니다.

마지막으로, 기회가 된다면 야마센이 잠든 우지 시에 세워진 야마센 가의 묘와, 하나야시키의 야마센 자료관을 찾아주시고, 산자수명한 우지 천변 요리 여관 '하나야시키 우키후네엔'에 묵으며 천천히 야마센을 떠올려봐 주실 것을 권합니다. 사전에 연락주시면 우지 야마센이 기꺼이 안내해 드릴 것을 약속합니다.

2019년 5월

● 안자이 이쿠로安斎育郎　리츠메이칸 대학 국제평화뮤지엄 명예관장
● 스다 토오루須田稔　일본의 문학연구가, 리츠메이칸 대학 명예교수
● 야마모토 에이지山本英治　야마모토 센지의 장남

시대의 공기를 가르며
홀로 또 함께 걸어가는
모든 야마센을 위하여

황자혜

전 『한겨레21』 도쿄 전문위원, 영화진흥위원회 일본 주재원
어제는 한국 오늘은 일본, 한일 교류 현장을 영원히 누비고픈 통역꾼

야마모토 센지를 기리는 영화 「무기 없는 싸움」(1960, 140분)을 제작한 야마모토 사츠오 감독은 「하얀 거탑」 등을 통해 일본에서 흥행성을 겸비한 사회파 거장으로 유명합니다. 감독이 노동자들의 성금으로 「무기 없는 싸움」을 제작해 개봉한 때는, 1960년 10월 12일 히비야日比谷 공회당에서 개최된 연설회에서 17세 우익소년에 의해 사회당 위원장 아사누마 이네지로浅沼稲次郎가 살해된 사건 직후였습니다. 이것이 야마모토 센지의 사건과 오버랩되면서, 당시 대중들에게 다시금 '야마센 시대의 경종'을 울렸다고 전해집니다.

치안유지법 개악에 국회의원 중 유일하게 반대하다 우익의 흉도

에 쓰러진 노농당 국회의원 야마센. 그의 인간미 넘치는 생애를 그린 영화는 노동자 농민의 목소리가 높아져 보통선거라는 당근과 최고형 사형으로 치안유지법 개악이라는 채찍을 휘두르고, 마침내 야만적인 침략전쟁을 감행하는 일본 제국의 정체를 고발합니다.

그리고 당국에 의해 교토제국대학 파면, 생물학을 가르치던 도시샤 대학에서마저도 쫓겨난 야마센이 장화를 신고 자전거로 농촌 지역을 돌며 농민을 설득하고, 농민 노동자 조합과 함께 싸우는 모습을 그립니다. 몇 번이고 입후보를 거절한 끝에 출마한 제1회 보통선거 결과를 며칠 앞두고 병석에 누운 야마센이, 낙선을 예감하며 이렇게 읊조립니다.

"지지하고 함께 싸운 사람들한테 미안하지만…생물학자로 돌아가고 싶어. 내 인생은 생물학자에서 성 연구자가 되면서 산아제한 운동으로, 산아제한 운동은 노동자 농민의 해방운동과 연결되지 않으면 발전하지 않지.…노동자 농민 해방은 정치운동이 되지 않으면 안 되고…그래서 내가 정치에 뛰어들었어. 그러나 마음이 외치고 있어. 넌 생물학자야, 생물학자야, 라고.…크리스찬 시절의 나였다면 병과 낙선은 신의 계시라고 생각하겠지."

그때 당선 소식이 전해지고, 대중의 힘을 느낀 야마센이 병석에서 일어나 지지자들 앞에 서서 말합니다.

"오늘부터 제 몸은 여러분들께서 빌려주신 것입니다. 1만 4천 표의 대표입니다. 야마모토 센지는 노동자 농민 여러분의 야마센이 되었습니다. 하루 빨리 건강해져 온 힘을 다해 싸우겠습니다."

야마센의 비문에 얽힌 역사를 알 수 있는 영화의 첫 장면도 인상적이지만, 제가 몇 번이고 되돌려서 다시 본 부분이 있습니다. 무산정당의 의원 7명과 야마센이 치안유지법 개악 반대 연설을 둘러싸고 대립하는 장면입니다. 내무대신 모치즈키 게이스케가 "일본 제국의 길은 정해져 있다, 당신 한 명이 거역한다고 어떻게 될 게 아니다, 조금만 오른쪽으로 가라," 말하는 충고야 예상을 했지만, 무산정당 동료 의원들이 반대하는 이유가 놀랍습니다. "지배계급도 그렇게 바보가 아니야. 대신들도 자본가들도 전쟁을 일으킬 생각까지 없다구. 냉정해져, 야마모토!" "지금 반대한대도 어차피 통과한다고!" "그들의 미움을 사면 손해가 아닌가!" 그 때 야마센이 답합니다.

"냉정하게 판단했기 때문에 반대하는 거야. 전쟁이 일어나면 돌이킬 수 없어. 당신들은 나보다 저들을 믿는 겐가?"

시대의 흐름에 순응하지 않고 시대의 공기를 가른 야마센. 그가 농민대회에서 한 최후의 연설 장면은 책의 본문과 자료들, 그리고 추천문을 읽는 독자 분들 상상의 몫으로 남깁니다.

저는 한일 교류 현장을 발로 뛰는 통역꾼입니다. 위중한 역사 인물을 소개하기에는 얕은 식견에 모자람 투성이지만, 야마센을 한국에 정식으로는 처음 소개하는 일을 맡게 된

1929.3.6오츠키 겐지大月源二가 그린 데스스케치

데는 특별한 '인연'이 있습니다. 서른 해 일본에 건너가 걸음마부터 해야 하는 일본어로 생긴 원형탈모, 온돌이 없는 다다미방의 냉기로 생긴 발가락 동상이 무색하도록, 가깝고도 먼 일본 땅의 교사와 학생, 시민들에게서 받은 아낌없는 사랑과 질문들이 저를 깨웠습니다. 그리고 2002년 한일 월드컵 공동개최를 계기로 한일 풀뿌리 교류의 물꼬가 트이기 시작할 무렵, 재정적으로 넉넉지 않은 시민 단체들에게서 러브콜을 받습니다. "어쨌든 우리보다는 나을 거 아니냐. 밥 살 테니 빼지 말고 나와 통역해라!" 빼다니요. 채 2년도 안된 일본어 실력으로 통역이라니, 원래 통역은 뻔뻔함과 센스가 반이라 믿으며, 눈물겹도록 반가운 초대에 응했고 데뷔전을 치릅니다.

이후로 봇물 터진 풀뿌리 교류로 저는 정신없어집니다. 사이타마 지유노모리 학원 중고등학교 학생들과 한국 여러 학교 간 수업 및 친선교류, 일본의 역사 왜곡에 일어선 일본 역사교육자협의회와 한국 전국역사교사모임 한일교류위원회 간 공통 교재 편집 과정과

전국대회, 일본 시민사회 초청 일본군 위안부 피해자 할머니 증언, 2004년 한일우정의 해 미우라 아야코 유작 「총구」의 한국 전국 순회공연을 한 일본 연극단 '청년극장' 통역으로 뛰었습니다. 그렇게 알게 된 많은 일본인들을 주간지 『한겨레21』 '사람과 사람'을 통해 소개합니다.

그러다 한 단체와의 만남이 저를 야마센에게 이끕니다. 바로 '민의련'입니다. 원진 녹색병원과 서울 녹색병원 두 원장님이 도쿄 민의련 병원을 방문했을 때입니다. 도저히 제 상식으로는 종합병원 원장님 행색이라 볼 수 없는 복장에 운동화을 신고 백 팩을 메고 자전거에서 내려 천천히 걸어오는 예순을 넘긴 '민의련표' 원장님을 뵌 순간의 충격이 지금도 생생합니다. 왕진을 다녀오시는 길이었습니다. 지역 주민들이 자신들의 힘으로 만들어낸 병원, 차액 병상료를 받지 않으며 실천하는 무료 저액 진료사업, 돈으로 환자를 차별하지 않는 평등의료, 인류의 생명과 건강을 파괴하는 모든 전쟁에 반대하고, 평화와 환경을 지킨다는 강령을 모든 가맹 사업소에 내건 민주 의료기관 연합회. 그 민의련과 교류 때마다 등장하는 인물이 바로 야마센이었습니다. 왜였을까요.

'침략전쟁 반대, 주권재민, 생활향상, 사회진보'를 요구하는 노동자 농민들의 운동이 치안유지법과 특별고등경찰 헌병에 의해 무참히 탄압받고, 많은 이들이 형무소에 갇혀 고문과 질병 기아로 죽어

나갈 때, 그 희생자와 가족들을 지원하는 활동에 나선 이가 있습니다. 당시 '노동자 진료소'의 마지마 유타카 의사입니다. 그는 희생자들에 대한 지원 활동으로 '자유롭게 사고할 수 있는 사회인의 사회적 책무다'라며 사상가 의사 변호사 예술가 신문기자 출판업자 등 다방면에 호소한 결과, 유명인사 13명의 발기인으로 '해방운동 희생자 국민구원회'(현재의 '국민구원회')가 만들어집니다.

그리고 1928년 4월 창립 당시 임원 중 한 명이 바로 이 책의 주인공 야마센입니다. 병이 나도 돈이 없어 병원에 가길 주저하는 이들에게 모든 병원의 문이 닫혀 있던 시대, 죽음 앞에서 떨고 있을 때도 왕진이 거부되고 죽어서도 못 가는 곳이 병원이던 때, 일하는 사람들에게 의료는 얼마나 절실한 희망이었을까요. 야마센의 밤샘 장례에 모인 이들이 분노를 넘은 비장함으로 '노동자 농민의 병원을 만들라' 외치는 모습, 당시 마지마 의사와 함께한 치과 의사가 야마센의 데스마스크를 뜨는 모습을 아프게 상상해 봅니다.

2004년에는 야마모토 센지의 손자시고 교토 민의련 구조九条 진료소 원장인 야마모토 유지山本勇次 선생님 따님이 한국인과 결혼하게 되어, 야마모토 가가 단체로 한국을 찾습니다. 그분들께 한국을 안내하면서 알게 된, 한국 축구를 너무 좋아하는 당시 중학생 야마센의 증손녀가 어느덧 한국어까지 능통해진 역사교사가 되었습니다. 게다가 역사교육자 협의회의 첫 여성 사무국장이 되었다는 소식에 단순한 기쁨을 넘어 가슴이 벅찼습니다.

이런 인연에도 불구하고 『야마센 홀로 지키다』의 출판은 뒤의 추천문에서 지적하신 대로 늦은 감이 있습니다. 한일 정국을 변명 삼기에 앞서, 통역사로 매너리즘에 빠진 제게 '이것도 안 하고 뭐했냐'는 질책만 같아 고개가 숙여집니다.

『민중과 함께 걸은 야마모토 센지民衆とともに歩んだ山本宣治』의 한글판인 본 책『야마센 홀로 지키다』는 총 3부로 구성했습니다. 우선 1부는, 우지 야마센회가 엮은 원서의 본문입니다. 간결한 본문의 행간과 여백, 사진들에 기대어 잠시 잠깐 쉬어가면서, 야마센과 상상력이라는 두 친구를 불러내어 이야기 나누듯 읽어 주시기 바랍니다. 2부는, 원서 말미의 자료들에 보태어 제1회 보통선거 당시 야마센의 정견문, 올해 보도된『교토 신문』기획 특집 기사를 추가하고, 일본 정당인과 역사학자의 추천글, 올해 3월 17일 제막한 도쿄 야마센회의 '야마센 종언지 기념 팻말'이 세워지게 된 역사와 의미를 실었습니다. 야마센 탄생 120년, 서거 90년이라는 2019년 현재의 의미를 원서와 함께 전하기 위한 기획입니다.

마지막 3부는, 역자가 야마센을 번역하는 내내 떠올린 한국 인사 분들께 야마센의 첫 독자가 되어 주십사 부탁드리고 받아 실은 추천문 원고들입니다. 모순의 현장에서 풍경을 수집하는 사진사, 교육 현장에서 역사를 가르치는 교사, 정치 현장에서 시민을 대변하는 정당인, 의사의 사회 참여를 내걸고 농성의 현장에서 의료 지원을 하는 인의협 의사 선생님. 그리고 야마센이 목숨 걸고 반대한 치안유지법을 모범으로 하는 한국의 국가보안법 희생자로서, '꽃으로 세상을 아름답게 하고 싶어한' 야마센처럼 차가운 감옥에서 따뜻한 『야생초 편지』를 보내오셨던 황대권 선생님, 끝으로 야마센이 캐나다에서 노동으로 굵어진 것처럼 망명지 프랑스

민의련 의사이자 야마센 손자인 야마모토 유지의 90주기 추도사 모습

에서 『나는 빠리의 택시운전사』였던 홍세화 선생님께 특별히 부탁을 드렸습니다.

제게는 추천문을 써주신 모든 분들이 한국의 야마센입니다. 본문과 함께 이 특별 감상문을 읽을 한국의 청소년과 청년, 시민 독자분들께 역자가 원고를 받고 느꼈던 마음 올곧이 전해지리라 감히 기대하고 믿습니다.

현재 민의련 회장인 후지스에 마모루 선생님이 한 교류에서 넌지시 제게 커밍아웃을 하셨습니다. "사실 나는 부락민 출신입니다." 중학교 때 처음 그 사실을 알게 되었을 때 기분을 여쭈니 돌아온 답변은 이러합니다.

"아, 그럼 나는 이제 사람을 차별하지 않아도 되겠구나!"

　이러한 민의련에서 야마센이 소개된 가장 쉬운 책 판권을 중재해 주셨고, 그 책을 엮은 우지 야마센회가 건강미디어협동조합의 출판 취재에 찬동해 흔쾌히 출판은 결정됩니다. 그 덕에 올해 3월 우지 야마센 영화 상영제와 추모제에 참가하고, 하나야시키 우키후네엔에서 묵은 다음 날 아침, 근처 우지 강변 윤동주 시비를 다시 돌아보았습니다. 저의 모든 이야기를 들은 건강미디어협동조합 식구들의 아이디어로 야마센 한글판은 5월 28일 야마센의 생일날을 출판일로, 우리만의 야마센 축하를 하기로 합니다. 3.1운동 100주년에 야마센을 우리나라에 소개하게 되어 기쁩니다.

　언어를 통역하는 것이 아니라 마음을 통역한다는 칭찬과 격려를 아끼지 않고, 제가 서른 해 이전 한국에서 가보지 못했던 근현대사 현장에 저를 끌고 가신 민의련이 야마센 한글판의 산파라는 이야

야마센 90주기 추모제 만장들, 2019. 3. 5

기를 이렇게 길게 썼네요. 그리고 한일 정치 사회의 온도차를 몸으로 메꿔나가는 양국의 풀푸리 운동, 살아 있는 야마센들이 이 책에 생명력을 불어넣어주

섰습니다. 그것이 더욱 빛나도록 살찌운 건강미디어협동조합의 펴낸이, 만든이, 꾸민이에게 큰 감사드립니다. 특히 과분한 응원으로 즐거운 비명을 지르며 책을 만드는 데 힘을 실어 주신 펀딩 참가자 여러분들께 참 감사합니다. 힘든 상황에도 녹색병원을 지켜낸 모든 녹색병원 가족과 '인권치유센터' 존경합니다. 그리고 무슨 일이 있어도 야마센을 믿어준 어머니 다네처럼, 제 소중한 어머니. 드라마 「아름다운 세상」에 "희망에 마지막이 어디 있어, 당신 덕분에 버티고 있어, 당신이 무너지지 않으니까 우리가 버티는 거야"라는 대사처럼, 어머니, 제가 그렇습니다. 마지막으로 영화에서 야마센의 비보를 들은 어머니 다네의 말을 옮기며, 부족한 역자의 글을 갈음합니다.

"가난한 사람들의 편에 섰던 야마센이다.
잘못된 일을 할 리가 없어.
왜 죽었는지 알기 전에는 울 수 없다. 울 수 없어!"

차례

1부. 야마센 홀로 보루를 지키다

山宣ひとり孤塁
を守る

2부. 그러나 나는 외롭지 않다
だが私は淋しくない

3부. 등 뒤에서 지지하는 대중이 있으므로
背後には大衆が
支持しているから

1부

야마센 홀로 보루를 지키다

山宣ひとり孤塁を守る

1.
야마모토 센지를
아십니까

 야마모토 센지(애칭 야마센)는 아시아태평양전쟁 전 천황이 입법, 사법, 행정, 그리고 군대의 지휘권까지 모든 권한을 쥐고 일본을 지배하던 시대에 전쟁반대와 주권재민을 주장하며 서민과 함께 싸웠습니다. 그 때문에 야마센은 1929년 3월 5일 우익의 테러로 살해됩니다. 살해 당시 교토-우지 시宇治市 출신 노농당*　국회의원 야마센이 올해(2009년)로 탄생 120년, 서거 80년입니다.

지금 100년에 한 번이라 일컬어지는 미국 발 금융위기가 세계를 나돌고, 일본의 경제와 국민생활에 커다란 영향을 끼치고 있습니다. 대기업에 의한 일방적인 '파견 계약 해지'를 비롯하여 비정규직

야마모토 센지(1889. 5. 28~1929. 3. 5)

노동자의 대량해고 등으로 수많은 실업자가 생겨나고, 일본 국민 생활이 힘겨운 상황입니다.

지금으로부터 80년쯤 이전인 1927년에도 금융공황이 밀어닥쳐 은행과 제조업, 상사의 도산이 잇따랐습니다. 게다가 1929년 10월 24일 미국의 주가폭락으로 시작된 세계 대공황이 일본에도 파급되어 노동자 해고와 임금삭감이 강행되고, 300만 명이나 되는 실업자가 생겨났습니다. 도심지에 실업자가 넘쳐나고, 농촌에서는 농산물 가격 인하로 생계가 어려워 딸을 파는 비참한 상황도 생겨납니다.

그러나 당시 정부는 이렇게 생겨난 실업자와 농민을 구제하는 것이 아니라 은행과 상사 등 대기업을 구제하기 위해 거액의 세금을 도입합니다. 한편 중국 대륙으로 군사적 침략을 추진하여 전쟁 위기가 고조되었습니다.

이러한 때 제1회 보통선거°가 치러집니다. 1928년 1월 24일에 고시되고 2월 20일에 진행된 선거에서 교토 제2구 입후보자 야마센은 정부의 전쟁 정책을 엄중히 비판하고 국민이 안심하고 평화롭게 살 수 있는 민주적인 정부를 만들자고 유권자에게 호소합니다.

야마센의 호소에, 악정으로 고통 받던 노동자 농민이 커다란 공감과 지지를 보냈습니다. 서민의 정치적 고양을 두려워한 당시의 권력°은 매매와 향응에 의한 부패선거를 확대하는 한편, 경찰을 이용해 야마센의 선거 사무소를 번번이 수사하는 등 노골적으로 당선을 막으려고 합니다. 그러나 야마센은 권력의 방해를 뒤엎어 버리고 14,411표를 획득하여 보기 좋게 당선됩니다.

이 선거에서 당선된 무산정당˙의 국회의원은 전국에서 총 8명입니다. 노농당 소속 국회의원은 야마센과 교토 제1구 입후보자 미즈타니 쵸자부로水谷長三郎, 2명입니다.

국회의원이 된 야마센은 노동자 농민의 뜨거운 바람을 실현하기 위해 정력적으로 활동합니다. 이를 꺼린 보수 집권 세력이 야마센 말살을 위해 음모를 꾸미고 야마센을 살해합니다. 많은 사람들의 안타까움 속에 1929년 3월 5일, 야마센은 만 39세 젊은 나이로 이 세상을 떠납니다.

그로부터 80년의 세월이 흘렀습니다. 천황이 절대적인 권한을 가지고 국가를 지배하던 절대주의적 천황제 시대에 야마센이 목숨을 걸고 서민과 함께 실현하려 한 것은 무엇이었을까요. 그것을 해명하기 위해 야마센의 생애를 더듬어 나가 봅니다.

● 노농당　노동농민당의 약칭. 1926년 결성된 무산정당. '3.15 사건' 이후 1928년 4월 10일에 해산 명령이 내려짐
● 보통선거　1925년 남성 25세 이상에게 선거권, 30세 이상에게 피선거권이 주어짐. 여성의 선거권과 피선거권은 전쟁 후 실현
● 당시의 권력　메이지헌법 하에서는 천황이 절대적인 지배권을 가지고, 대기업과 대지주들의 이익을 대표하는 정당인 정우회(입헌정우회)와 민정당(입헌민정당)이 정권을 잡고 있었음
● 무산정당　노동자와 가난한 농민들, 자산을 가지지 않은 사람들의 이익과 의사를 대변하는 정당

2.
지금도 계속되는
추모제

 야마센의 고향은 교토 역에서 JR 나라 선奈良線 쾌속을 타고 15분 정도에 도착하는 우지 시宇治市입니다. 우지 천 부근에는 뵤도인平等院의 호오도鳳凰堂(세계문화유산)가 있고, 그 건너편 강가에는 오랜 역사가 새겨진 우지가미 신사宇治上神社(세계문화유산)가 있습니다. 오래된 집들이 늘어선 거리 여기저기에서 우지 녹차를 달이는 구수한 향기가 감돌고, 우지 천변과 구릉지에는 차밭이 펼쳐집니다.

뵤도인 남문에 이어지는 조금 높은 언덕을 끝까지 오르면 우지 시 우지젠포宇治善法 묘지 공원이 있고, 그 안에 생나무 울타리로 둘러싸인 묘가 있습니다. 자연석의 묘비 앞면에는 '하나야시키 야마

야마센의 묘

쓰러진 야마센의 묘비

모토 가의 묘'라 새겨졌습니다. 뒷면에는 '소화 4년(1929) 3월 5일 센지 사십일 세 타계, 동지 야마모토 센지 최후의 연설에서 [야마센 홀로 마지막 보루를 지킨다, 그러나 나는 외롭지 않다, 등 뒤에서 지지하는 대중이 있으므로] 오야마 이쿠오大山郁夫* 씀'이라는 글이 있습니다.

　이것이 바로 지금도 많은 사람들이 친밀감을 담아 '야마센'이라 부르는 전쟁 전 노농당 국회의원 야마모토 센지의 묘입니다.

　야마센의 묘는 당시 정부가 뒷면 비문을 문제 삼아 그대로 존속되기 어려웠고 계속 탄압 받았습니다.

야마센 묘소 앞 추모제

비문 초안에는 야마센의 유지에 따라 오야마 이쿠오가 '우리는 적기를 지킨다'고 써 넣었습니다. 하지만 당시 정세 때문에 '동지 야마모토 센지의 최후의 연설에서 (중략) 등 뒤에서 지지하는 대중이 있으므로'로 바꾸었습니다. 야마센이 죽은 3개월 후인 6월에 묘를 건립할 때 경찰은 "이 비문은 (단순한) 묘가 아니라 기념비이기 때문에 안 된다"며 건립을 허락하지 않았습니다.

결국 '야마모토 센지의 묘'를 '하나야시키花屋敷 야마모토 가의 묘'로 바꾸고, 뒷면 비문을 시멘트로 빈틈없이 메우고서야 비로소 묘를 세웠습니다.

우지 천변의 '하나야시키 우키후네엔'

당시 국민에게는 사상, 신조의 자유가 없었고 묘비를 세우는 것에까지 경찰은 간섭하고 방해했습니다.

야마센의 뒤를 따르는 이들은 어두운 밤에 빈틈없이 메워진 비문의 시멘트를 다시 긁어냈습니다. 그것을 알아챈 경찰이 문제 삼으면 할 수 없이 또 다시 시멘트로 메웁니다. 그 후엔 또 누군가가 다시 긁어내는 필사의 공방이 패전 때까지 계속되었습니다.

야마센 사후 80년이 지난 오늘날에도, 기일 3월 5일이면 거르지 않고 지역의 노동조합과 시민단체가 실행위원회를 조직해 야마센 묘소 앞 추모제를 거행합니다. 추모제가 끝난 후에는 야마센을 회고하는 차와 이야기가 있는 모임도 개최됩니다.

우지 천변에는 요리 여관 '하나야시키 우키후네엔浮舟園'이 있어 많은 관광객들로 붐빕니다. 이 여관이 야마센의 고향집이며, 현재 야마센의 손자 야마모토 데츠지가 경영하고 있습니다. '하나야시키 우키후네엔'은 예로부터 교토의 안방으로 사랑받아 온 여관입니다. 요사노 아키코与謝野晶子, 다케히사 유메지竹久夢二 등 문인 묵객도 방문한 곳입니다.

야마센의 이모, 야마나카 헤이지의 부인인 세이. 다케히사 유메지 그림

나가노 야마센회, 기념비 앞 추모식

여관 부지 안에는 야마센이 살았던 건물도 현존하며, 흙벽으로 만든 광에는 유품과 방대한 장서 등 귀중한 자료도 보관 중이니 원하면 그 자료들을 볼 수 있습니다.

야마센 기념비는 나가노 현長野県 우에다 시上田市 벳쇼別所 온천에 있는 사찰 안라쿠지安楽寺 경내에도 건립되었습니다. 이 기념비에는 야마센의 좌우명인 '인생은 짧고 과학은 길다'가 라틴 어로 새겨져 있습니다.

야마센은 살해되기 나흘 전인 1929년 3월 1일에 우에다 시에서 거행된 죠쇼上小 농민조합° 제2회 대회에서 기념강연을 했습니다. 죠쇼 농민조합은 3월 15일 천 몇 백 명이 모인 '야마모토 센지 국회의원 추도 대연설회'를 개최하고 그 장소에서 기념비 건립을 결의,

이듬해인 1930년 5월 1일 기념비를 건립합니다.

그러나 우에다 경찰서는 1933년 지주인 사이토 하루오斉藤房雄에게 이 기념비를 파괴하라고 명령합니다. 사이토는 묘비를 지켜내야만 한다는 생각으로 밤에 몰래 비석을 자택으로 옮겨 정원석으로 보이도록 엎어 놓고 경찰에게는 부수었다고 보고해서 기념비를 지켜냅니다.

이렇게 사이토 하루오가 지켜낸 기념비가 전쟁 후인 1971년 10월 발굴되어, 38년 만에 안라쿠지 경내에 재건됩니다. 그 후 야마센 기념비 옆에 다카쿠라 데루高倉輝*와 사이토 하루오의 공적을 기리는 비도 세워지고, 이를 나가노 야마센회가 관리하면서 매년 10월에 묘비 앞 추모식이 거행됩니다.

● 오야마 이쿠오　1880~1955년, 효고 현 출신. 와세다 대학 교수. 1926년 노농당위원장. 1932년 미국으로 망명, 1947년 귀국. 참의원 의원
● 죠쇼농련　'죠쇼 농민조합 연합회'의 약칭. 나가노 현 우에다 시와 지이사가타(小県) 지역의 농민조직
● 사이토 하루오　1898~1981년, 나가노 현 출신. 우에다 시 벳쇼 온천 지역 여관 '가시와야柏屋 별장'의 양자. 촌회(일본은 시, 정, 촌 단위임_역자) 의원과 촌장을 역임. 야마센 기념비를 목숨을 걸고 지켜냄
● 다카쿠라 데루　1891~1986년, 고치 현 출신. 작가. 나가노 현에서 자유대학 운동을 펼침. 전후 일본공산당 중의원 의원과 참의원 의원을 지냄

3.
아버지 가메마츠와
어머니 다네의 만남

야마센은 1889년 5월 28일 교토 시京都市 나카쿄 구
中京区 신쿄고쿠도오리新京極通 니시키코지錦小路에 '깎
지 않는다 했으면 진짜로 안 깎는다'고 크게 적힌 간판
을 내건 '원 프라이스 숍'이라는 가게에서 수입품 액세
서리와 화장품을 파는 아버지 야마모토 가메마츠와 어머니 다네의
장남으로 태어났습니다.

야마모토 가메마츠는 교토의 시죠도오리四条通 후야쵸麩屋町의
금고상 나라츄奈良忠의 주인인 야마모토 쵸에몬의 셋째 아들입니
다. 가독家督*을 잇지 않는 삼남 가메마츠는 젊어서부터 더부살이
고용인으로 나가게 됩니다. 그리고 자신의 희망을 펼치지 못하는

다네, 센지, 가메마츠

5살 센지

불만이 커서 술과 여자에 빠지고 결국 수금한 가게 돈에 손을 대 홍등가에서 다 써 버립니다. 결국 사실상 부모와 의절하고, 주위에서 '도둑 가메'라 불리며 아무도 상대하지 않는 존재가 됩니다. 그러다 스물다섯 즈음에 그리스도 교를 접하고 선교사에 의해 구제됩니다.

다네는 교토의 산죠三条 오하시니시즈메大橋西詰에 있는 일본식 버선 가게 '가와치야河内屋'의 주인 야스다 우헤이安田宇兵衛의 장녀입니다. 다네는 어차피 가와치야의 지배인을 남편으로 맞아 분가할 예정이었습니다. 그러나 다네 나이 14세 때 그 지배인이 사기를 당하고서 책임을 느꼈는지 비와琵琶 호수에 몸을 던져 죽습니다. 약혼자를 잃은 다네는 18세에 독립해서 털실 가게를 냅니다.

마음에 상처를 지닌 가메마츠와 다네는 구원을 바라며 다니기 시작한 그리스도 교 시죠四条 교회에서 운명적으로 만납니다. 가메마츠는 그리스도 교 세례를 받고 나서 사람이 변한 듯 성실하게 일하면서 우치무라 간조内村鑑三 *에게 심취한 상태였습니다. 다네는 약혼자를 잃고 18세의 젊은 나이에 털실 가게 주인이 되었습니다.

이 둘이 교회 활동을 통해 연인 사이가 되기에는 그리 오래 걸리지 않았습니다. 두 사람은 결혼을 결심하지만 다네의 아버지는 가메마츠가 예전에 술과 여자 문제로 가족에게 의절 당했던 것과 그리스도 교 신자인 것 때문에 '야소 *에게는 딸을 줄 수 없다'며 결혼에 맹렬히 반대합니다. 그러나 목사의 주선으로 두 사람은 각각의 집과 연을 끊고 결혼합니다.

당시 이와 같은 연애 결혼은 흔치 않은 것이어서 마을에 소문이

원 프라이스 숍

자자했고, 두 사람에 대해 지방 신문에 기사가 날 정도였습니다.

목사의 소개로 수입품 취급이 가능해진 두 사람이 시작한 장사가 바로 '원 프라이스 숍'입니다.

당시 많은 상점이 상품 가격보다 더 높은 가격을 정해 놓고 손님과 흥정으로 판매가를 정했습니다. 또

하나야시키 우키후네엔, 2019년

큰 가게 주인들은 벌어들인 돈으로 첩을 두거나 기생놀이를 했습니다. 그러나 가메마츠 다네 부부는 그러한 시류에 물들지 않고 유럽풍으로 흥정 없이 정가로 판매했습니다. 게다가 그리스도 교의 가르침에 따라서 일요일은 안식일로 삼아 휴업하고, 주인도 고용인도 교회 예배에 갔습니다.

사람들이 거리로 나오고 장사가 되는 일요일에 쉬고, 이른바 계집질을 하지 않고 일부일처제를 엄수한 것, 에누리 없이 정찰 판매를 하는 정직한 장사 방식은 당시에는 흔치 않았기에 교토 상인들에게 신선한 바람을 일으켜 화제였습니다.

두 사람의 장사는 크게 성공하여 마침내 도쿄에 2개, 오사카에 2개, 고베에 1개, 총 6개 점포를 차리게까지 성장했습니다. '원 프라

이스 숍'을 개점한 1년 몇 개월 후인 1889년에 장남 야마모토 센지가 태어납니다.

- **가독家督** 상속해야만 하는 그 집의 재산, 사업 등의 총체. 당시 민법 규정상 호주의 신분이 갖는 권리와 의무로 호주의 지위를 말함. (간단히 말하면 가업과 가산_역자)
- **우치무라 간죠** 1861~1930년 도쿄 출신. 무교회 파 그리스도 교 선교사, 평론가. 러일전쟁에 비전론을 주창
- **야소** 그리스도 교를 말함. 중국어의 '예수'를 일본어 음독한 것

4.

꽃으로
세상을 아름답게

 가메마츠와 다네는 태어난 아들에게 선교사의 선 자 '센(宣)'과, 명치 시대의 치 자 '지(治)'를 따서 센지라 이름 짓고 그리스도 교의 세례를 받게 합니다. 센지는 어릴 때부터 몸이 약해 양친에게 걱정을 끼쳤습니다.

아들의 건강을 염려한 양친이 교토 교외에서 환경이 좋은 우지 시 뵤도인 근처에 약 600평의 토지를 사 들여 야마센이 요양할 수 있는 별장을 짓습니다. 가메마츠는 일요일마다 별장에 다니며 넓은 정원에 다양한 식물과 서양 화초를 심었습니다. 이윽고 이 별장은 자연스레 '하나야시키花屋敷(꽃정원)'라 불리게 됩니다. 야마센은 하나야시키에서 유소년 시절을 보내며 교회에도 열심히 다녔습니다.

하나야시키 우키후네엔의 옛 모습

이윽고 야마센은 교토 시내의 교토 시립 세이쇼진죠生祥尋常 소학교에 입학하지만 몸이 약해 다니지 못하고, 하나야시키에 돌아와 조용히 요양하면서 1899년에 우지 시 토도菟道 소학교를 졸업합니다. 이후 교토 시립 제2 고등소학교를 거쳐, 1901년 4월에 고베神戸 중학교에 진학합니다.

고베 시내에 있는 중학교를 선택한 이유는 장래 가업을 잇는 데 간사이의 무역 중심지인 고베에서 배우는 것이 도움이 되리라는 판단에서였습니다. 공부하면서 지점 일을 도울 수 있고, 당시 그리스도 교 전도 거점의 하나인 고베 교회에서 그리스도 교를 공부할 수 있는 것도 좋은 점이었습니다.

고베 중학교 시절, 시인이자 화가인 다케히사 유메지竹久夢二와는 2년 차이 나는 동기지만 유메지가 학교를 8개월 다니고 중퇴해 두 사람이 학교에서 얼굴을 마주친 적이 없습니다. 그러나 두 사람은 1912년 11월 교토에서 열린 전시 '유메지 전'에서 만나 친해지고, 유메지가 하나야시키를 자주 찾아옵니다.

야마센은 과도한 공부와 구도 생활에 따른 과로로 병을 앓고, 입학해서 불과 7개월 후인 11월에 고베 중학교를 퇴학해 하나야시키로 돌아옵니다. 그리고 아버지로부터 꽃 가꾸기와 양계를 배우면서 체력을 회복하는 데 힘씁니다.

그즈음 야마센이 그리던 꿈은 '꽃을 심어 세상을 조금이라도 아름답게 하고 싶다'는 것이었습니다. 몸이 건강해지면 도쿄 농원에 원예 견습을 가서 원예를 공부하고자 했습니다.

오쿠마 저택 안의 온실 풍경, 「풍속화보」에서

러일전쟁이 시작된 1904년 4월 야마센은 그리스도 교인이 경영하는 도쿄의 도쿄흥농원東京興農園이라는 씨앗과 묘종 파는 종묘점에서 더부살이를 하면서 원예 견습 수행을 시작합니다. 그런데 도쿄흥농원 경영자는 일요일에도 고용인에게 일을 시키고 손님에게는 싸고 질 나쁜 묘종을 비싸게 팔아넘기면서 원예는 가르쳐 주지 않는 지독한 이였습니다. 실망한 야마센은 상경한 지 불과 3개월 만에 하나야시키로 돌아옵니다. 그러나 언젠가 미국에 유학해 본격적으로 원예가가 되겠다는 뜻을 세우고, 그를 위한 사전 준비로 다시금 도쿄에 가서 공부할 기회를 찾고 있었습니다.

1906년 1월 야마센은 도쿄 오쿠마 시게노부大隈重信*의 저택(현

오쿠마 저택 온실 유적지 방문. 야마센 도쿄 투어, 2006. 4

재, 와세다 대학 부지)에 원예 견습생으로 들어갈 기회를 얻습니다. 게다가 오쿠마의 주선으로 다음날부터 밤에는 도쿄 간다神田에 있는 정규 영어 학교에서 영어를 배웁니다.

당시 일본의 사회주의 운동은 그리스도 교파와 유물론 파로 계속 분열되고, 유물론 이론도 문헌으로 소개되고 있었습니다. 야마센은 사카이 도시히코堺利彦가 발행한 『사회주의연구』 창간호를 사서, 거기에 게재된 「공산당선언」을 읽고 사회주의의 이론과 사회주의 운동을 접합니다. 또한 다윈의 『종의 기원』을 구입해 진화론도 공부합니다.

야마센은 16세 때 도쿄시전(노면전차) 요금 인상에 반대하는 시민대회를 보고는 일기에 다음과 같이 씁니다. "유쾌, 유쾌, 많이 해야만 하며, 이는 확실히 시민 자신의 세력을 자각한 것이 아니겠는가." 자각하는 시민 운동에 공감하던 야마센은 그 해 여름 또다시 병으로 쓰러지고, 10월에는 하나야시키로 돌아갑니다.

● 러일전쟁   1904년부터 이듬해까지 중국 동북부와 조선의 지배권을 둘러싸고 일본과 러시아가 싸운 전쟁
● 오쿠마 시게노부   1838~1922년, 사가 현 출신. 1882년 입헌개진당 창설. 1914년 제국의회 총리대신. 와세다 대학 창립자

5.
캐나다에서 접한
민주주의의 숨결

　　러일전쟁 후 일본의 경제 불황으로 야마센 부모가
경영하고 있던 '원 프라이스 숍'의 영업 실적이 뚝 떨
어지고, 고베와 오사카 점포는 남의 손에 넘어갑니다.
또한 찻집에서 요리 여관으로 경영을 확대하던 하나야
시키의 고객 수도 줄어들어 야마모토 가의 경제는 가장 어려운 때
를 맞습니다.

　1907년 1월 캐나다 밴쿠버에서 안과 의사를 하던 야마모토 집안
의 먼 친척 이시하라 메이노스케石原明之助가 하나야시키를 찾아왔
습니다. 야마센 아버지 가메마츠의 조카딸 마스코와 결혼식을 올리
기 위해 귀국한 것입니다. 그때 이시하라가 "센지를 캐나다에 가게

캐나다로 건너가기 직전 야마센 17세 때, 원 프라이스 숍 교토점 앞

캐나다에서 개간 작업

하면 어떻겠느냐"고 제안합니다.

　센지의 양친은 고민 끝에 야마센에게 "지금 집안 형편에 뱃삯 정
도라면 어떻게든 되겠지만 생활비나 학비를 보내기는 어렵다, 그래
도 캐나다에 건너가겠느냐"고 묻습니다. 야마센은 단호하게 "가게
해주세요, 거기서 일하면서 원예 공부를 하겠습니다"라고 잘라 말
합니다. 꿈에 그리던 아메리카 대륙으로 가게 된 17세 10개월 야마
센의 마음은 크게 부풀었습니다.

　1907년 4월 24일 야마센은 고베 항에서 료준마루旅順丸 호에 올
라타고, 다시 4월 27일 부모의 배웅을 받으며 요코하마 항을 떠납니
다. 배는 5월 12일 캐나다 빅토리아 항에 도착하고 그때 야마센 손

에 남은 여비는 겨우 48달러 남짓이었습니다. 그리고 닷새 만인 5월 17일부터 야마센은 생활비를 벌기 위해 가정부 일을 시작합니다.

그 후 야마센은 가사 도우미, 원예 견습생, 신문 배달원, 농장 개간, 연어잡이 어부, 접시 닦이, 통조림 공장 직공 등 여러 노동을 체험합니다. 원예 공부가 하고 싶다며 가슴 부풀어 캐나다로 건너간 야마센이었지만, 기다리던 것은 생활비를 벌기 위한 매일의 노동이었습니다.

야마센이 캐나다에서 생활하기 시작한 1907년 무렵 캐나다 밴쿠버 시에는 1,700명 정도의 일본인 노동자가 제재회사 등에서 일하고, 일본인 거리도 있었습니다. 그러나 일본인 이민자는 캐나다의 관습에 동화되지 않고, 저임금으로 일하면서 '동맹파업 깨기'로 캐나다 사회로부터 비판받고 있었습니다.

야마센도 일본인 배척 운동이 고양되는 캐나다 사회의 비판에 좋든 싫든 직면합니다. 당시 일본은 국제적으로 대국주의°, 국수주의° 행동 노선을 강화했기에 일본인 배척 운동은 여러 나라에서 일어납니다.

야마센은 당초 안과 의사인 이시하라 메이노스케 집에서 지내면서 일본인 교회에서 하는 활동에도 참가하고 있었습니다. 그런데 그리스도 교회의 장로들이 배일 운동을 적극 지도하는 것을 알고 그리스도 교에 의문을 품기 시작합니다. 그리고 전통적인 그리스도교 권위주의에 대응해 과학적 합리주의 입장에서 교회 개혁 운동을 시작합니다.

연어잡이 배

스티브스톤 어항, 1990년

스트러스커너 스쿨

야마센은 일본인 교회의 젊은 멤버들과 힘을 합쳐 캐나다에서 처음으로 일본어로 된 일간 신문『캐나다 신보』발행에 참가해 집필, 편집, 배달을 도우면서 감수성이 예민한 청춘 시절을 보냅니다.

1910년 일본에서는 고토쿠 슈스이 등 사회주의자를 탄압하는 대역사건*이 일어나고, 야마센은 그것을 영자신문을 통해 알고 상심합니다. 또한『캐나다 신보』의 활동을 통해 사회주의 관련 문헌을 자주 접합니다.

이윽고 야마센은 노동으로 보내는 나날에 '이래서는 안 되겠다'며 생각을 고쳐먹습니다. 그즈음 하나야시키에서 조금이나마 생활비를 보내오게 되어 고등학교에 입학해 처음부터 다시 공부하겠다고 마음먹습니다.

1909년 11월 야마센은 밴쿠버의 스트러스커너 스쿨의 '하이포스'(소학교 7, 8학년에 해당)에 20세의 나이를 3살 아래인 17세로 신청해 입학 허가를 받아 공부를 시작합니다. 이듬해 1910년 6월에는 브리타니아 하이스쿨 입시에 합격, 학교에서 스스로 '헨리 센지 야마모토'라 이름 짓고 다음 해에는 수석으로 2학년에 진급합니다.

하이스쿨 입학 당시의 야마센

야마센은 브리타니아 하이스쿨에서 남녀 공학, 철저한 자유주의, 인종과 빈부에 의한 차별을 부정하는 민주 교육을 체험합니다. 그것을 통해 '고토쿠 슈스이 등 사회주의자 탄압을 강화하는 일본으로 돌아가고 싶지 않다'는 생각을 강하게 품게 됩니다. 야마센은 캐나다에서 체험한 노동과 교육 덕에, 이후 천황이나 국가라는 권위로 사람들의 자유를 빼앗고 사상을 부정하는 일과 싸워 나가는 사상 토대를 지니게 됩니다.

고교 2년인 1911년 11월, 야마센에게 '아버지 병세 위중 어서 돌아오라-(엄마) 다네'라는 전보가 도착합니다. 캐나다에서의 공부에 미련을 남기며 어쩔 수 없이 귀국했으나 아버지는 병이 난 것이 아니었습니다.

야마센이 캐나다로 출발한 이듬해인 1908년 즈음, 일본 경기는 러일전쟁 후 불황에서 이윽고 벗어나고 하나야시키의 경영도 크게 회복해 동업자도 부러워할 정도로 번성합니다. 야마센의 부모는 캐나다에 있는 야마센에게 충분한 학비를 보낼 수도 있었지만 빨리 돌아오길 바랐기에 학비를 보내는 대신 '아버지 병세 위중 어서 돌아오라'고 속여 야마센을 귀국시킨 것입니다.

● 일본인 배척 운동 1907년 7월 밴쿠버에 이민자 1,177명을 태운 배가 입항한 다는 보도에 배척 운동이 급속히 고조
● 대국주의 국제 관계에서 경제력과 군사력이 앞선 나라가 그 힘을 배경으로 소국에 대해 취하는 고압적인 태도
● 국수주의 자국의 역사 경제 문화 등이 타국보다 뛰어나다고 여겨 그것을 지키고 발전시키고자 하는 주장과 입장
● 대역사건 사회주의자, 무정부주의자가 메이지 천황 암살을 계획했다고 날조해 고토쿠 슈스이 등 24명에게 사형 선고가 내려지고 12명이 처형된 사건

6.
생물학자를 꿈꾸며
보낸 대학 시절

 캐나다에 돌아가는 것을 포기한 야마센은 24살인 1912년 4월 도시샤同志社 보통학교 4학년에 편입합니다. 학문적인 관심은 이미 원예와 멀어져 생물학에 집중하면서 도시샤 보통학교에서는 식물학자를 목표로 공부합니다.

1913년 여름 야마센은 하나야시키에서 늘 해오던 종업원들을 위한 위로 여행에 동행합니다. 그 해 여행지는 닛코日光였고, 거기서 하나야시키 종업원 마루가미 지요丸上千代와 야마센은 맺어집니다.

이듬해 1914년 4월 즈음 두 사람 사이를 안 양친은 결혼에 적극 반대하지만, 이미 지요가 야마센의 아이를 가졌음을 알고 6월 25일

도시샤 보통학교 졸업 사진

지요 26세, 야마센 25세

에 아주 가까운 친인척만으로 결혼식을 치르게 됩니다.

　신혼인 두 사람은 양친과의 동거를 허락받지 못한 상태에서 제3
고교˚ 수험 준비도 해야 했기에, 양친에게서 학비를 지원받아 교토
시내 기온祇園 야사카 신사八坂神社 근처 시모가와라下河原에 집을
마련해 학생 생활을 이어갑니다.

　1914년 9월 제3고교 이공계 이과理科에 입학한 야마센은 생물학
계의 혁신을 꿈꾸기로 마음먹습니다. 야마센은 와세다 대 창립자
오쿠마 저택에서 『종의 기원』을 읽은 때부터 계속 흥미를 키워 왔
습니다.

　야마센이 제3고교 다니던 1914년 11월에 장남 에이지英治가,

산악회 강연 환등회, 제3고교 시절

도쿄 대학 졸업 후 교토로 돌아왔을 때의 야마센 일가

삼남 시게하루(가운데), 야마센 탄생지 부근 방문(전 오이시가와하야시 쵸)

1916년 11월에 차남 고지浩治가 태어납니다.

1917년 7월, 29세에 제3고교를 졸업한 야마센은 당시 도쿄 제국대학 동물학과에 입학해 냅니다. 그리고 아내와 두 아들과 함께 상경해 친가로부터 생활비를 받아가며 생물학 연구를 계속해 나갑니다. 네 식구가 도쿄에서 생활한 곳은 도쿄 대학 부근의 분쿄구文京区 코이시가와하야시 쵸小石川林町 64번지, 현재 센고쿠千石 2쵸메 24번지로, 여기서 삼남 시게하루繁治가 1919년 3월에 태어납니다.

도쿄 대학생 야마센은 외국인에게 일본어 개인 교수를 하는 아르바이트를 하기로 결심하고, 영문 전단을 만듭니다. 전단에 "언론의 자유는 존재하는가, 이른바 '위험 사상'에 대하여, 현재의 사회 불안 그 사회 철학적 배경, 노동 문제와 관련한 데모크라시 선전"을 가르친다고 썼습니다.

이 전단은 당시 야마센이 생물학만이 아니라 사회 문제에도 큰 관심을 가지고 있었음을 알게 합니다.

졸업 논문의 주제는 생식 세포에 관한 것이었습니다. 야마센은 인간의 생식 세포를 연구 대상으로 하고 싶었으나 지도 교수가 인간의 생식 세포가 아닌 영원°의 생식 세포로 바꾸게 합니다.

1920년 7월 도쿄 제국대학을 졸업한 야마센은 가족과 함께 우지의 하나야시키로 돌아옵니다. 그리고 생물학 연구를 계속하기 위해 교토 대학 대학원(의학부)에 적을 두고 '영원 정자 발달 연구'를 계속하는 한편, 도시샤 대학의 예과 강사로 주 2회 '자연과학 개론'을

야마센 일가의 집. 렌부츠 도오루蓮佛亭 그림

가르칩니다.

　야마센은 도시샤 대학에서 하는 강의에 '인생 생물학'이라는 이름을 붙였습니다. 이 강의를 통해 학생들에게 전하려는 것은 "인간이 '신의 아들'이라든지 천사라든지 하는 환상에서 눈을 뜨게 하는 것"이며, "저속한 성 지식이나 비과학적 생리학을 타파하고 과학적인 태도로 양성하는 것"이었습니다.

　교토 대학에서는 1921년 11월에 의학부 강사가 되고, 이듬해인 1922년에 이학부 강사가 됩니다.

　야마센의 성에 관한 교육 활동은 학내에 머물지 않고, 학외 연구 잡지에 의견 발표, 강연회에서의 강사 활동으로 발전합니다.

야마센이 일본 사회에 확산하려던 것은 이제까지 생물학계의 분류학과 형태학과 같은 '죽은 생물학'이 아닌 유전학, 발생학, 생태학, 진화론 등의 성과를 도입한 살아 있는 '새로운 생물학'이었습니다. 살아 있는 생물학은 당시 '궁핍한 이들의 다자녀, 생활난, 결혼난'으로 고통 받던 노동자와 농민들에게 필요하면서, 동시에 살아 있는 생물학이었습니다.

『인생생물학입문』

야마센의 '살아 있는 생물학'의 도달점은 전쟁이 없는 사회, 인간이 인간답게 살아갈 수 있는 자유로운 사회 건설이었습니다.

● 제3고교 당시 5년제 보통학교 졸업 후 2년 동안 다니는 구제도 고등학교. 1949년 교토 대학에 흡수, 1954년 교양학부로 개편(_역자)
● 영원イモリ 도롱뇽의 일종(_역자)

7.
민중을 위한
산아제한 운동

 야마센은 1920년 12월 장티푸스에 걸려 이듬해 1921년 1월까지 교토 부립京都府立 병원에 입원합니다. 아내 지요는 임신 6개월의 무거운 몸에도 불구하고 야마센 간병을 계속했습니다. 1921년 4월에 태어난 장녀 하루코治子에게는 양 손가락뼈 결손과 왼발 선천성 장애가 있었습니다.

하루코가 장애를 지니고 태어난 것이 자기 병 때문일까, 야마센은 근심하고 고심합니다. 이윽고 '이 세상에는 더 불행한 사람들이 있다, 그 사람들을 위해 무언가를 하지 않으면 안 된다'고 생각하기에 이릅니다. 그 생각의 근저에는 유소년 때부터 배워 온 그리스도

야마센 일가

'아카시아 카페'라 이름 지은 정원에서 아이들과 한때

교의 인도주의와 캐나다 시절 체험한 땀과 기름투성이 노동, 자유롭고 민주적인 교육 속에서 배양된 사회 약자에 대한 깊은 배려가 있었습니다.

성 문제를 깊이 연구하려면 유럽의 연구 성과를 적극 도입해야 한다고 본 야마센은, 의대생이었던 사촌 야스다 도쿠타로安田德太郎와 함께 여러 외국의 관계 문헌 연구를 진행합니다.

1922년 3월 미국에서 산아제한 운동을 추진하는 지도자 마가렛 싱어 여사가, 런던에서 열리는 '만국 산아 제한 회의'에 출석하는 도중 일본에 들러 강연회를 개최합니다. 당시 일본 정부는 값싼 노동력과 전쟁에 필요한 병사를 확보하기 위해 국민에게 '낳자, 늘리자'는 슬로건으로 출산을 장려했습니다. 그래서 정부는 싱어 여사에게 '일본 전 영토에서 산아 제한을 위한 선전 연설을 해서는 안된다'며 금지했습니다.

『싱어여사 가족제한법 비판』표지

교토 의사회가 주최하는 의사 약사 등 의학 전문가 대상 강연회 개최만 가까스로 허가되고, 강연 통역을 야마센이 맡게 됩니다. 야마센은 싱어 여사에게 "원래 그리스도 교인이었는데 지금은 자유로운 사상가이자 마르크스주의자입니다"라고 본인을 소개합니다. 싱어 여사와 의

견이 일치한 야마센은 여사 귀국 후에 내무성에 압수된 싱어 여사 저작『가족제한법』이라는 팸플릿의 번역에 착수합니다.

그러나 번역서 그대로 출판하여 받게 될 내무성˚의 발행금지 처분을 피하느라 책 제목을『싱어 여사 가족제한법 비판』으로 하고, 표지에는 '극비'라고 써 넣었습니다. 게다가 '순 학술적 연구와 비판을 하는 책, 소책자를 전문 학자와 의사 약사 이외에 배포하는 것을 불허한다'고 인쇄, 경찰 검열의 눈을 피해 압수되지 않고 발행에 성공합니다. 이는 지혜와 궁리로 합법성을 획득하고, 본질에서는 절대 타협하지 않는다는 야마센의 자세를 나타냅니다.

1922년 10월에 차녀 미요美代가 태어납니다.

야마센이 도쿄 대학을 졸업하고 교토에 돌아가 교토 대학과 도시샤 대학에서 강의하던 1920년부터 1922년 즈음은 '다이쇼 데모크라시'˚ 운동이 고조되던 때입니다. 1920년 5월 1일 일본의 첫 메이데이 기념 행사가 도쿄 우에노 공원에서 열립니다. 전국 각지에서 노동자 동맹 파업과 농민 소작 쟁의 투쟁이 이어지고, 1922년 3월 전국 수이헤이샤水平社, 4월에는 일본농민조합, 7월에는 일본공산당이 결성되는 등 민중의 정치 운동이 확대됩니다.

이즈음 야마센이 열심히 추진한 것은 독일의 게오르그 니콜라이가 쓴『전쟁 생물학』을 번역하는 것이었습니다. 발행 금지 처분을 피하기 위해 번역서 제목을『전쟁 진화 생물학 비판』으로 붙이려고 계획합니다.

1922년 12월 상대성 원리 강연을 위해 교토를 방문한 물리학자

아인슈타인 부부

아인슈타인과 만나기 위해 야마센과 야스다 도쿠타로는 아인슈타
인의 숙소인 미야코都 호텔을 방문합니다. 그리고 "당신의 명성을
빌려 니콜라이 저, 야마센과 야스다 역『전쟁 진화 생물학 비판』을
보급하고 싶으니, 꼭 서문을 써주기 바랍니다"라고 요청합니다. 한
번 거절당하지만 평화 운동을 위해서라고 아인슈타인을 설득해 서
문을 받아내는 데 성공합니다.

　당시 아인슈타인은 평화 운동 면에서도 세계에서 적극적인 역할
을 맡고 있었고, 야마센은 그런 아인슈타인과 평화 운동에 대해서
도 의견을 교환합니다. 아인슈타인은 "평화 운동의 장래를 짊어질
이들로서 지식 계급에게 기대합니다"고 했고 야마센은 "노동자 계
급의 운동에 기대합니다"고 말합니다.

입으로는 웅변을 해도 정작 운동할 때는 제1선에서 싸우지 않는 당시 지식인에 대한 야마센의 예리한 비판이 아인슈타인과 나눈 대화 속에 담겼습니다.

———

● 내무성　제2차 세계대전 전 중앙행정 관청. 경찰 지방행정 토목 등 행정권을 폭넓게 통괄
● 다이쇼 데모크라시　다이쇼 시대 도시 중간층의 정치적 자각을 배경으로, 메이지 이래 번벌(메이지 유신에 공이 있었던 번 출신자가 만든 파벌)과 관료 정치에 반대하여 호헌 운동, 보통선거 운동이 전개되고, 민주주의와 자유주의, 사회주의 사상이 고양
● 전국수평사　1922년에 결성된 피차별 부락의 전국 조직. 정부 등 기관의 은혜 베품식 개선 사업이 아니라 자기 힘으로 봉건 차별에서 해방되는 것을 목적
● 니콜라이　게오르그 F. 니콜라이는 베를린 대학 생리학자로 반전주의자.『전쟁의 생물학』은 그가 독일 정부에 유폐되어 있었을 때 국외에서 출간
● 아인슈타인　1879~1955년, 이론물리학자, 유대계 독일인. 상대성 이론을 발표, 1921년 노벨물리학상 수상. 평화 운동에 힘씀

8.
노동자
교육 운동 추진

　　1922년 즈음 오사카를 중심으로 '일본노동총동
맹'(약칭 총동맹)을 조직해 노동 운동을 추진하던 미타무
라 시로三田村四郎가 야마센에게 『싱어 여사 가족제한
법 비판』인쇄 원판을 자유롭게 사용하고 싶다고 요청
합니다. 그것은 야마센도 바라던 바였으므로 기쁜 마음으로 응합니
다. 이윽고 이 책의 '보급판'이 인쇄되어 노동자 교육 활동용 교재
로 사용됩니다.

　야마센은 총동맹에 협력해 '산아제한 연구회'를 조직하고, 이 모
임에 입회한 노동자와 농민들의 상담에 응하면서 성교육과 구체적
인 피임 방법, 나아가 노동자에게 좋은 생활 태도까지도 교육합니

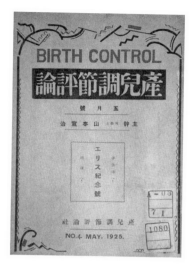

(좌) 산아제한 강연회 포스터
(우)『산아조절평론』

다. 그리고 아베 이소오安部磯雄* 와 마지마 유타카間島侃* 등과 함께
'산아 제한 문제에 관한 강연회'를 각지에서 개최합니다.

강연회에는 항상 경찰관이 입회* 했는데, 경찰관도 피임에 대한
과학적인 지식이 없었었던 터라 입회 경찰까지 야마센의 이야기를
흥미 있게 듣고 있었다고 합니다.

1924년 1월 야마센은 나가노 현長野県 이타 시飯田市 '신남자유
대학'* 에서 강사로 와달라는 부탁을 받고 5일 간에 걸친 '인생생물
학' 강의를 합니다. 노동자 농민들과 차분하게 이야기 나누는 이때
경험을 토대로, 야마센은 산아제한 운동 강의 활동과 더불어 노동

오사카 노동학교에서 강의

오사카 노동학교 제12기생

자 교육 활동에도 본격적으로 몰두하기 시작합니다.

그리고 오사카 노동학교, 고베 노동학교, 교토 노동학교 등 잇따라 결성된 노동학교 교육 운동에 적극 협력합니다. 교토 노동학교에서는 교장으로 취임하여 다니구치 젠타로谷口善太郎, 스미야 에츠지住谷悦二와 함께 노동자 교육 활동을 추진합니다. 그러나 이렇게 '성교육'이라는 명분으로 노동자 교육을 계속하는 데는 한계가 있었고, 탄압의 위험도 가까워집니다.

———

● **아베 이소오** 1865~1948년 후쿠오카 현 출신. 도지샤 대학, 와세대 대학 교수, 1901년 사회민주당 결성에 참가. 그 후 사회민중당, 사회대중당 중앙위원회. 1927년 이래 중의원 의원에 2회 당선

● **마지마 유타카** 1893~1969년 아이치 현 출신. 통칭 마지마칸. 1923년 노동자 진료소 개설. 1928년 '해방운동 희생자 구원회' 결성에 참가. 산아조절 운동 등으로 검거됨. 전후 신일본 의사협회 회장

● **경찰관 입회** 1900년 제정된 치안경찰법 등을 이유로 경찰관이 집회와 회합에 입회해 연설 내용을 점검. 경찰관이 연설자에게 '주의'와 '중지'를 명령하고 또한 검거

● **신남 자유대학** 자유대학은 농민 학습기관으로서 1921년 11월 나가노 현 우에다 지방에서 탄생해 각지에 퍼짐. 신남자유대학은 신슈信州 지역 남부 이타시 등 시모이나下伊那 지방에서 조직됨

9.
대학 강사직에서
내몰림

 1923년 9월 1일 관동대지진이 발생합니다. 이 지진을 이용해 보수 집권 세력은 사회주의자와 전투적 노동자들을 학살하는 가메이도亀戸 사건°과 아마카스甘粕 사건°을 일으킵니다. 이러한 상황에서 당시 권력은 야마센 등이 추진해 온 노동자 교육 활동도 강하게 감시합니다.

1924년 4월 돗토리鳥取 시내에서 개최된 미오샤水脈社° 주최 산아제한 강연회에서, 야마센이 입회 경찰관에게 '연설 중지'를 명령받고 연단에서 끌려 내려오는 사건이 일어납니다. 이를 계기로 야마센은 교토 대학 이학부 강사를 사직당하지만 도시샤 대학 강사는 계속할 수 있었습니다. 그리고 각지의 노동학교와 농민학교, 사회

과학연구회, 수평사 등이 주최하는 강연회의 강사로서 동분서주하는 매일을 보냅니다.

정부는 이때 군비축소 결과로 실업한 군인을 이용해서 전국 중고등학교에서 군사교련*을 계획합니다. 이에 대항해 전국 학

교토학련 사건 보도 『교토 니치니치신문』

생들이 모여 '전국 학생 군사교육 반대동맹'을 결성해 반대운동을 추진합니다. 또한 보통선거를 요구하는 국민의 목소리가 높아지면서 야마센은 이 운동의 강사로 활동합니다. 정부는 국민의 요구를 누를 수 없었고, 1925년 2월 2일 제국의회는 보통선거법을 가결합니다.

그러나 보수 집권 세력은 보통선거 실시에 의해 노동자 농민의 대표가 국회의원이 되는 것을 두려워하였고, 보통선거법을 가결한 1개월 반 후인 3월 19일에 치안유지법을 성립시킵니다. 그리고 5월 5일에 보통선거법을 공표합니다.

치안유지법은 '국체(천황제)의 변혁과, 사유재산제도(자본주의체제) 부정을 목적으로 한 결사(단체 조직을 만드는 것)와 행동을 처벌한다'는 법률입니다. 공산당을 비롯한 노동자, 가난한 농민들의 정치 활

동을 탄압하기 위해 만들어진 법률이었습니다.

　이듬해 1926년 1월 15일에 치안유지법이 처음으로 학생 운동에 적용됩니다. '교토학련 사건'●이라 불리는 것으로, 야마센은 사회과학연구회(사연)에 협력하고 있었다는 이유로 가택 수사를 받습니다. 이 일로 야마센은 도시샤 대학 강사직에서도 내몰리게 됩니다.

- **가메이도 사건**　1923년 9월 1일 관동대지진의 혼란을 틈타 재일 조선인이 폭동을 일으킨다는 악선전 유언비어를 흘려 계엄령 아래 각지에서 대량 학살이 자행됨. 결국 사회주의자, 노동운동가에까지 미쳐 9월 3일 히라사와 게이시치平沢計七 등 난카츠南葛 노동회 9명이 사람들 앞에서 죽임 당한 사건
- **아마카스 사건**　1923년 9월 16일 고우지마치麴町 헌병 분대장 아마카스 대위가 무정부주의자 오스기 사카에大杉栄의 처 이토 노에伊藤野枝, 조카 다치바나 무네카즈橘宗一를 오테마치大手町 헌병대 본부에 연행해 교살, 우물에 던져버린 사건
- **미오사**　1922년 11월에 결성. 지방 문화를 향상하려는 문화 단체
- **군사 교련**　1925년 이후 학교에서 실시. 육군 장교에 의한 군사 관련 훈련
- **교토학련 사건**　1926년 교토의 학련(전국학생사회과학연합회) 간부 다수가 출판법 위반으로 검거되어 치안유지법 위반으로 기소된 사건

10.
노동자 농민이 지지하는 국회의원

 1926년 3월 5일 노동자 농민을 위한 정당인 노농당이 결성됩니다. 야마센은 5월 16일 노농당 게이지京滋 (교토 부와 시가 현) 지부 결성에 참가해 교육출판 부장에 선출됩니다.

1925년 말부터 교토 부 남부의 미즈무라美豆村, 사야마무라佐山村, 미마키무라御牧村를 중심으로 한 농민들이 흉작을 이유로 연공 (해마다 바치는 공물) 인하를 지주에게 요구하는 소작쟁의를 시작했습니다.

이 쟁의는 '죠난城南 소작쟁의'로 불리고, 야마센은 이 소작쟁의를 적극 지원합니다. 경찰은 쟁의단에게 '협의할 것이 있다'면서 지

노농당 교토부련 제1회 대회, 1926. 12. 6

도자 농민을 가까운 에이후쿠지永福寺로 불러내 체포합니다. 야마
센은 곧장 체포된 이들에 대한 차입(미결수 기결수에게 음식, 옷 등을 들여
보냄)과, 생활이 힘든 농민을 구제 지원하는 활동의 선두에 서서 분
투하고, 농민들의 쟁의를 승리로 이끕니다.

　이러한 활동을 추진해 나가는 동시에 노농당 게이지 지부는 많
은 혁신적인 단체와 협의해 국회 해산을 요구하는 전국 청원 운동
을 시작합니다. 그것은 전년도에 제정된 보통선거법에 기반한 선거
를 빨리 실시하여 선거에 의한 노동자 농민들의 목소리를 국회에
반영하려는 운동이었습니다. 야마센은 이 의회 해산 청원 운동의

중의원의원 교토 5구 보궐선거 사무소

선두에 서서 전국 실행위원장에 선출됩니다.

　그러나 노농당의 우파 간부들은 간신히 합법적으로 성립된 노농당이 해산 명령을 받을까 우려해 운동을 억누르려 합니다. 이윽고 노농당 우파는 사회민중당을, 중간파는 일본노농당을 결성해서 노농당에서 나갑니다.

　야마센은 노농당에 남고, 노농당은 오야마 이쿠오大山郁夫를 위원장으로, 호소사코 가네미츠細迫兼光를 서기장으로 선출해서 계속 활동합니다. 노농당은 국민의 요구를 실현하기 위해 국회 해산을 요구하는 전국 청원 운동을 더욱 강화하면서 전국 각지에서 연설회

『노동농민당의 첫 출전』

를 실시합니다.

1927년 4월 다나카 기이치田中義
一 내각이 성립합니다. 다나카 내각
은 5월 '중국 거주 일본인의 생명
재산을 지킨다'는 명목으로 제1차
산동 출병*을 강행해 침략을 개시
합니다. 군국주의 체제가 더욱 강화
되고 전쟁에 반대하는 세력에 대한
흉포한 탄압을 더해갑니다.

4월에 치러진 중의원 교토 5구
보궐선거에 야마센은 '만의 하나도 당선 가능성이 없으나 어떠한
기회에도 가난한 농민과 노동자를 위해 노농당의 정책을 호소해야
만 한다'며 입후보합니다. 결과는 489표를 획득하지만 낙선입니다.
그러나 이 보궐선거 경험이 『노동농민당의 첫 출전』이라는 책으로
만들어져, 이후 제1회 보통선거에서 크게 활용됩니다.

야마센은 같은 해 1927년 8월 10일 아버지 가메마츠를 간경변
증으로 잃습니다. 1927년 12월 야마센은 노농당 교토 부련의 집행
위원장에 선출되지만, 그때까지의 피로가 겹쳐서 왼쪽 폐를 앓으며
각혈, 하나야시키에서 몸과 마음을 안정시키기 위해 휴양하고 있었
습니다.

정부는 보통선거 실시를 요구하는 국민의 목소리를 억누르지 못
합니다. 1928년 1월 24일에 고시하고 2월 20일에 투표하는 제1회

보통선거 실시를 결정합니다.

　노농당 본부는 자택에서 조용히 휴양 중이던 야마센에게 이듬해 1928년 1월 24일부터 시작되는 제1회 보통선거에 교토 2구에서 입후보할 것을 요청합니다. "나는 생물학자이지 정치 전문가가 아닙니다, 몇 만 대중의 대표로 의회 투쟁을 과감하게 해 나가는 적임자가 아닙니다"라며 사퇴하지만, 호소사코 가네미츠 서기장에게서 "사정상 정말 어렵겠지만, 당을 위해 부디 입후보하기 바란다"는 대답이 돌아옵니다.

　고민 끝에 야마센은 교토 노동학교에서 함께 활동해 온 다니구치 젠타로*와 상의하는데, 일본공산당 당원인 다니구치 젠타로는 "일본공산당이 당신을 필요하다고 생각해 추천한 것"이라고 전합니다. 그러자 야마센은 당의 결정에 따라 병든 몸을 이끌고 교토 2구에서 입후보할 것을 결정합니다.

　노농당 교토 1구의 입후보자는 미즈타니 쵸자부로水谷長三郎 변호사로, '미즈쵸'라 불린 이였습니다. 미즈쵸의 입후보와 관련해서는 노농당 내부에서 비판이 있었습니다. 미즈쵸는 자신이야말로 노농당의 지도자이며 국회의원으로서 적임자라는 자만이 강했고, 개인을 당 위에 놓는 사고를 가지고 있었기 때문입니다. 그러나 최종적으로 교토 1구에서는 미즈쵸, 2구에서는 야마센이 노농당 후보로 입후보하게 됩니다.

　제1회 보통선거가 시작되었습니다. 다나카 내각에서 선거전은 엄혹했습니다. 정우회* 등 기성 정당은 버젓이 매수, 향응의 부패

라디오에서 '산하제한'을 방송하는 야마센, 1928년 1월

야마센 당선 기념

선거를 추진하는 한편, 노농당 등 무산정당 선거운동에는 경찰을 동원한 혹독한 선거 방해와 탄압, 간섭을 자행했습니다.

야마센의 선거 연설은 결코 웅변은 아니었다고 전해집니다. 그러나 서민과 관계 깊은 문제를 집어내어 핵심을 찌르는 내용으로 유머 있고 알기 쉬운 연설이었습니다. 선거전도 종반이 되자 노동자 농민 사이에 야마센의 인기가 크게 확산됩니다. 경찰은 선거 방해와 탄압을 더욱 강화하여 야마센의 선거 사무소는 2, 3일마다 수사 받는 상황이 되었습니다.

가차 없이 엄혹한 방해를 물리치고 2월 20일, 야마센은 14,411표를 획득하여 보기 좋게 당선됩니다. 개표 때 야마센은 지병과 피로 때문에 병석에 있었으나 선거 결과를 알리러 온 운동원들에게 "오늘부터 내 몸은 내 것이 아니라 제군들에게 빌려 온 것, 제군들의 것입니다"라고 말하고 "이제부터 나는 민중이 움켜쥔 한 자루의 창입니다, 나 개인은 이미 존재하지 않습니다"며 의회 활동을 향한 결의를 다집니다.

제1회 보통선거에서 무산정당에서 출마해 당선한 이는 야마센을 포함 전국에서 8명이었습니다. 그 중에서도 보수 집권층을 놀라게 하고 두렵게 한 것은 노농당 후보 미즈쵸와 야마센이 당선한 사실이었습니다.

정부는 보통선거 실시 약 1개월 후인 3월 15일, 일본 전국 경찰을 동원해 비밀리에 활동하고 있는 일본공산당원과 당 지지자, 노농당원, 일본노동조합평의회 활동가 등 약 1,600명을 치안유지법으

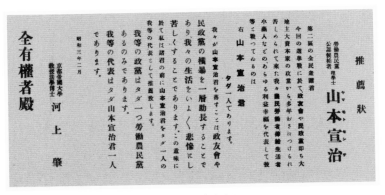

推薦狀

労働農民党
公認候補者 理学士
山本宣治

第二區の全民衆諸君
今回の選挙戦に於て政友會や民政党即ち大
地主大資本家の政党から、多年おさへつけられ
苦しめられて來た我々農民労働者の生活者
小商人などのあらゆる利益幸福を代表して彼
等と戦つてゐるのは

右 山本宣治君

タダ一人であります。
我々が山本宣治君を薦すことは政友會や
民政党の横暴を一層助長することで
あり我々の生活をいよく悲惨にし
苦しくすることでありますこの意味に
於て私は諸君の前に山本宣治君をタダ一人の
我等の代表として推薦致します。
我等の政党はタダ一つ労働農民党
あるのみであります。
我等の代表はタダ山本宣治君一人
であります。

全有權者殿

昭和三年二月

京都帝國大學
教授法學博士 河上 肇

교토 제국대학 법학교수 가와카미 하지메河上肇의 추천문

로 일제 검거합니다. 이것이 '3.15 사건'인데, 아무리 경찰이라 해도 국회의원이 된 야마센을 체포할 수는 없었습니다.

경찰은 이제까지 1900년에 만들어진 치안경찰법을 이용해 노동 운동과 농민 운동 등을 감시하고 탄압해 왔습니다. 나아가 1911년에 경시청 '특별고등과' 설치로 시작하여, 1928년 7월, 모든 부와 현에 특별 고등과를 배치해 전국 조직망을 만들고, 치안유지법으로 검거한 사람들에게 잔학한 고문을 하며, 일본공산당의 조직과 운동 내용을 자백시키고자 했습니다.

야마센은 1928년 4월 7일에 결성된 해방운동희생자구원회(구조 및 지원. 일본국민구원회 전신) 창립에 참가해 평의원이 됩니다. 그리고 일본의 평화와 생활 향상을 위해 싸워온 동지들을 못 본 체할 수 없다면서 전국 경찰서와 구치소를 돌며 체포된 이들을 면회하고, 경찰의 부당한 취조 상황을 상세히 조사해 국회에서 추궁했습니다.

또한 체포된 이들에게 서적과 의류, 영치금 등을 차입하고, 체포된 이들의 가족을 격려하고 원조하는 활동도 적극적으로 추진합니다. 그러나 미즈쵸는 "나는 공산당이 너무 싫다, 변호 등은 할 수 없다"면서 변호사임에도 불구하고 탄압 희생자의 구조 지원 활동을 하지 않습니다.

● **산동 출병** 1927년 5월 다나카 기이치 내각이 중국 거주 일본인 보호를 명목으로 중국 산동성에 출병, 이듬해 4월과 8월에도 출병함. 진짜 출병 목적은 중국에서 일본 권익을 지키기 위함

● **다니구치 젠타로** 1899~1974년 이시가와 현 출신. 도공, 작가. 1923년 일본공산당 창립에 참가. 1928년 3.15 사건으로 검거 투옥. 전쟁 후 일본공산당 중의원 의원, 의원단장

● **정우회** 입헌정우회의 약칭. 1900년에 이토 히로부미 등이 당 결성, 1940년에 당 해산

11.
목숨 걸고
치안유지법 반대

　　1928년 4월 10일 행정 당국은 노농당에 해산 명령을 내립니다. 정당 활동을 할 수 없게 된 노농당의 야마센과 미즈쿄 주변에는 우익 단체원이 서성거립니다. 그리고 매일같이 '자결 권고서'가 날라듭니다.

　이러한 상황에서 4월 20일 제55회 제국의회가 열립니다. 정부는 국회 개회 전날인 4월 19일에 제2차 산둥출병을, 5월 8일에는 제3차 산둥출병을 감행하여 중국 대륙 침략을 점점 강화해 나갑니다.

　다나카 기이치 내각의 전쟁 정책을 비판하는 국민의 여론을 압살하고 노동자 농민 운동의 고양을 억압하기 위해, 6월 29일 천황의 긴급칙령˚으로 치안유지법이 개악됩니다. 치안유지법 위반자의

노동자농민당 신당 결당대회, 1928. 12. 22. 오른쪽부터 야마센, 오쿠무라 진노스케, 가와카미 하지메, 오야마 이쿠오

최고형을 이제까지의 10년 이하 징역형에서 사형으로 개정하는 내용이었습니다. 사형이라는 위협으로 전쟁 반대와 주권 재민을 주장하는 사람들의 언론을 탄압하고 결사의 자유를 부정하려는 것이었습니다.

천황의 긴급칙령이 내려질 즈음 탄압 체제는 더한층 강화되었습니다. 한편에서는 우익 단체에 반공 테러를 부채질하는 풍조도 강해졌습니다.

1928년 12월 24일 노농당 재건을 위한 신당 결성(노동자농민당)에 대해서도 대회 사흘 전에 해산 명령이 내려집니다. 12월 26일부터 제56회 제국의회가 시작되어, 야마센은 이 의회에서 다나카 기이치 내각을 철저하게 추궁하는 선두에 섭니다.

특별 고등경찰이 치안유지법으로 검거된 사람들에게 가하는 말로 다할 수 없는 고문 실태를 구체적으로 보여주고 그 책임을 추궁합니다. 아울러 정부가 국회에 제출한 '노동자 재해 부조법'이 노동자 보호에는 도움이 안 되는 '위조 법률'이라는 것을 엄중히 지적합니다.

국회에서 야마센이 한 세 번째 위원회 질문은, 이듬해 1929년 2월 8일 '경찰 예산의 용도에 관련한 발언*'이라는 기회를 잡아 실행한 것입니다.

야마센은 치안유지법으로 탄압 받은 희생자에 대한 가혹한 취조와 고문 사실을 엄중 추궁하지만, 여당 의원으로부터는 '역적', '그만둬라' 등의 고함이 난무합니다. 의회가 어수선한 가운데에서도 야마센은 위원회 질문을 이어 나가면서 마지막을 아래와 같이 마무리합니다.

"현대 사회에 97%를 점하는 무산 계급의 정치적 자유를 획득하기 위하여, 이와 같은 암담한 상황의 이면에 희생자들이 있다는 것, 그들이 피와 눈물과 목숨까지 다하고 있다는 것을 말씀드리면서 나의 질문을 마칩니다."

야마센은 이 위원회 질문을 즉시 기사로 써서 『무산자신문』에 보냅니다. 그러나 『무산자신문』은 발간 전 경찰에 몰수되어 국민은 그 기사를 볼 수 없었습니다. 또한 경찰의 엄혹한 감시 아래 있는 일반 신문은 야마센이 행한 국회 질문은 일절 보도하지 않았습니다.

3월 1일 야마센은 나가노 현의 죠쇼 농민조합 제2회 대회에 출석하여, '죽음을 각오하고, 치안유지법 개정 긴급칙령 사후 승낙 안

야마센의 서재, '전쟁 박멸을 위해 분투하자' '인생은 짧고 과학은 길다'

에 반대하는 연설을 할 각오'임을 참가자들에게 전합니다.

3월 2일 '치안유지법 개정 긴급칙령 사후 승낙 안'이 국회 본회의에 상정되었으나 야마센에게는 발언할 기회가 주어지지 않습니다. 상정된 사후 승낙 안은 결국 이 날 체결되지 못하고, 3월 5일에 다시금 토론 및 의결하기로 정해지고 산회합니다.

야마센은 그 날 밤 야간 열차로 도쿄를 떠나 3일 낮 교토 하나야시키에 돌아와서 오랜만에 가족과 점심을 먹습니다. 여유로운 휴식도 없이 당일 밤 교토 후쿠치야마福知山 시에서 열리는 연설회에 참가하기 위해, 상급생 졸업식에 출석하는 장남 에이지와 함께 가까운 역으로 향합니다. 그 때 야마센이 "치안유지법에 반대하는 게 나 한 사람이어서 위험하다, 이번에는 어쩌면 죽을 수도 있다"고 아들 에이지에게 말합니다. 이것이 마지막 이별사가 됩니다.

후쿠치야마 시 연설회에는 많은 청중이 모였습니다. 입회한 경찰관이 행사장을 둘러싼 가운데 연설을 마친 야마센은 숙소에서 "오늘 밤은 여러분과 마음껏 이야기하며 밤새우고 싶다"고 말합니다. 늦은 시간까지 사람들과 이야기를 나눈 다음날 아침 일찍 야마센은 오사카로 향합니다.

3월 4일 오사카大阪 텐노지天王寺 공회당에서 열리고 있던 전국 농민조합 제2회 전국대회에 출석한 야마센은 다음과 같이 연설합니다.

"우리의 전투는 나날이 엄중해지고, 지금까지 아군으로 좌익적 언사를 함부로 쓰던 사람들까지도 나날이 퇴거하고, 우리의 의지

『노동농민신문』

가 될 거라 생각했던 사람들까지 우리의 운동에서 몰락하고 있습니다. (중략) 그러나, 이들에 대해 우리가 돌려줄 말은 이렇습니다. '비겁한 자여 갈 테면 가라, 우리들은 붉은 기를 지킨다!' (중략) 내일은 사형법 치안유지법이 상정됩니다. 나는 그 반대를 위해 오늘밤 도쿄로 갑니다. 반대 연설도 할 생각이지만, 질문을 '중단'시킬 것이므로 진행 못할 것입니다. 실로 지금은 계급적 입장을 지키는 것은 단 한 사람입니다. 그러나 나는 외롭지 않습니다. 야마센 한 사람이 마지막 보루를 지킵니다. 그러나 뒤에는 다수의 동지가…"(속기록 그대로)

이 때 입회 경찰관으로부터 '연설 중지'가 내려져 더 이상 연설

전국농민조합 제2회 전국대회(1929. 3. 3~5) 참가 배지

을 계속할 수 없게 됩니다. 참가자로 부터는 우레와 같은 환성과 박수가 터져 나옵니다.

야마셴은 그 날 다시 야간 열차로 상경합니다. 3월 5일 국회에 돌아온 야마셴에게 미즈쬬 등 무산정당 의원들은 말합니다. "어차피 (치안유지법의 긴급칙령 사후 승낙 안에) 반대해도, 법안은 100퍼센트 통과한다. 우리에게 맡겨라. 어쨌든 당신이 발언하게 할 수는 없다." 그들에게 반대 토론할 기회를 빼앗겨, 야마셴은 국회에서 발언할 수 없게 됩니다.

야마셴이 국회에서 발언하려 한 것은 치안유지법 개악 반대만이 아니라 치안유지법 그 자체에 반대하는 내용이었습니다.

"그들이 치안유지법으로 지키려고 하는 국체호지(천황제 보호 유지)와 사유재산제는 자본가와 지주의 이익을 옹호하는 것입니다. 그것에 반대하고 노동자 농민들의 이익을 위해 싸우고 있는 전위 (일본공산당)의 활동을 경찰과 검찰 권력을 사용해 압살하려고 하는 치안유지법은 악법입니다. 게다가 자본가계급의 필요에 의해 천황의 이름으로 긴급칙령이 남발되어 그들의 생각대로 정치가 이루어지고 있습니다."

야마셴은 의회 정치의 기만성을 철저히 폭로하려 했습니다.

3월 5일 밤 야마셴은 니시칸다西神田 소학교에서 열린 도쿄 시회

고에이칸에 급히 달려온 무산자정당 사람들

의원 선거에 입후보하고 있는 노농동맹 공인 나카무라 다카카즈中
村高一 후보 지지 연설에 섭니다. 그러나 연설 도중 경찰관으로부터
'연설 중지'가 떨어져 할 수 없이 10분 정도 되는 밤길을 걸어서 밤
9시 반 즈음 숙소인 '고에이칸光榮館'에 돌아옵니다.

야마센이 목욕을 마치고 늦은 저녁을 먹으려 할 때였습니다. '시
바우라芝浦의 노동자인데 목전에 닥친 동맹 파업과 관련해 상의하
고 싶다'는 말로 가장한 우익단체 칠생의단七生義団° 구로다 호쿠지
黑田保久二(37세)가 찾아와 야마센과의 면담을 청합니다.

야마센과 면회하던 구로다는 자결 권고서를 들이대며 감추고 있
던 단도로 야마센의 목과 가슴을 찌릅니다. 두 사람은 몸싸움을 벌

이다 2층 계단으로 떨어지면서 구로다는 도주하고 야마센은 그 자리에서 절명하고 맙니다. 장렬한 최후가 되었습니다.

향년 40세(만 39세 9개월여), 5명의 자녀와 아내, 어머니를 남기고 야마센은 짧고도 꿋꿋이 살아낸 생애를 마칩니다.

- 천황의 긴급칙령 메이지헌법에서는 의회 폐회 중에 긴급한 필요가 있는 경우 천황의 명령으로 법률을 제정할 수 있다는 것. 다만 나중에 의회 승인이 필요
- 관련한 발언 당시 국회에서 질문하려면 20~30명의 찬성자가 필요. 그러나 의안 제안에 대한 질의는 3번까지 허용됨을 활용해 야마센이 질문
- 보루를 지킨다 연설 기록에는 '보루를 지킨다'고 되어 있으나, 대회에 참가한 관계자는 야마센 연설이 '적기를 지킨다'였다고 전함
- 칠생의단 1928년 7월 모지 시門司市 선박하역업 수장 기무라 기요시木村潔를 총리로 해 결성된 우익 단체. 기무라 기요시의 매제는 칠생의단 도쿄 지부장이며, 아리마츠 경찰청 특수과장과 동향으로 친분 관계

12.
하나야시키에
유골로 귀환

1929년 3월 5일 오전 10시를 넘어 신문사로부터 걸려온 전화로 야마센의 피살이 하나야시키에 전해집니다. 어머니 다네는 야마센의 매제이자 하나야시키의 지배인인 야마나카 헤이지山中平治와 사촌 야스다 도쿠타로安田德太郎, 동지인 오쿠무라 진노스케奧村甚之助*에게 전하고, 도쿄 현지에 야마센의 데스마스크* 제작을 전보로 연락합니다.

그리고 야마나카 헤이지와 오쿠무라 진노스케를 도쿄로 보냅니다. 어머니 다네는 정신을 가다듬고서 이렇게 말합니다.

"센지는 언제나 입버릇처럼

'나는 붉은 깃발 아래에서 죽는다'고 했습니다.

도쿄 제국대학 정문 아카몬을 나오는 야마센의 관

센지의 마지막 희망이니

그의 유골을 적기로 싸 주십시오."

도쿄에서는 가미무라 스스무上村進와 호소사코 가네미츠, 마지마 간 등이 야마센의 숙소였던 고에이칸에 달려왔습니다. 유족들이 의뢰한 데스마스크 제작은 여러 조각가가 맡았습니다. 3월 6일 해질 녘 교토에서 달려온 야마나카 헤이지와 오쿠무라 진노스케는, 야마센의 유해는 화장을 하고 수습한 유골은 하나야시키로 가져가겠다는 유족의 뜻을 전합니다.

3월 7일 오전 9시 야마센의 유해는 도쿄대 법의학 교실에 옮겨져 10시부터 부검이 거행됩니다.

그 후 유해는 구 노농당 적기에 싸여 입관하고, 그것을 동지들이 짊어지고서 혼고오이와케本鄕追分 도쿄 제국대학 기독교청년회관 강당으로 이동해 밤샘 장례가 치러집니다.

3월 8일 다시 동지들이 야마센의 관을 짊어지고 도쿄 대학 정문인 아카몬赤門 앞을 지나, 혼고 3쵸메 도쿄 제국대학 불교청년회관으로 이동합니다. 그리고 오후부터 고별식이 거행되는데, 가와카미 하지메河上肇의 조사는 단 2, 3분 만에 경찰관에게 '중지'됩니다. 계속되는 다른 이들의 조사도 차례차례로 '중지'되어 오후 3시에 끝납니다. 고별식에 참례할 수 없었던 학생과 노동자들 수천 명이 장례식장 앞 노상을 메웠고, 혁명가를 불러 검거되는 이도 있었습니다.

「고별」오츠키 겐지大月源二 그림, 1929

고별식 이후 유해는 미카와시마三河島의 화장터로 옮겨져 화장
되고, 3월 8일 밤 야마나카 헤이지의 품에 단단하게 안긴 야마센의
유골은 도쿄를 떠납니다.

3월 9일 아침 야마센의 유골이 교토 역에 도착했습니다.

역 앞에 임시 제단이 설치되고 1,500명이 넘는 사람들이 야마센
유골의 도착을 기다리고 있었습니다. 기마 경찰관이 모여든 사람들
을 쫓아 버리려 했으나 상황은 바뀝니다. 임시 제단 앞에서는 조사
가 낭독되고, 학살 정황과 도쿄에서의 고별식 정황이 보고됩니다.

우지 역에 도착한 유골은 대기하던 300여 명 지인과 만나고, 70
명 이상의 경찰관이 둘러싼 가운데 하나야시키로 나아갑니다. 그리

도쿄 제국대 기독교청년회관(현 도쿄대학 YMCA)에서의 밤샘

고 도착해서는 하나야시키의 가장 큰 방에 안치됩니다.

장례위원회의 타무라 유키오田村敬男 ˚ 사무국장은 야마센 장례식의 모습을 기록 영화로 남기는 일이 앞으로 일본 인민의 역사에서 소중하리라 판단합니다. 그러나 당시로서는 막대한 비용이 드는 일이었습니다. 타무라의 상의에 어머니 다네가 선뜻 그 지출 비용을 승낙합니다.

기록 영화의 촬영은 일본 프롤레타리아 영화동맹인 '프로키노'가 담당합니다. 만일 촬영하고 있음을 경찰이 알게 되면 필름이 몰수될 위험이 있었기에, 촬영자는 다락방과 도랑에 숨어가며 촬영을 했습니다. 그것이 지금도 남아 전해지고 있는 기록 영화「야마센 와타마사(와타나베 마사노스케 渡辺政之輔) 노농장」입니다.

야마센의 유골이 하나야시키 가장 큰 방에 안치되어 빈소가 되고, 발인하기 전 밤샘이 3월 9일부터 15일까지 계속됩니다. 그때 그자리에서 「아카하타赤旗」의 노래 소절에 기타가와 데츠오北川鉄夫와 가사마츠 가즈오笠松一夫가 작시한 「야마센 추도가」가 불리고, 프롤레타리아 연극동맹이 즉흥 추모극을 연기합니다.

또한 밤샘이 이루어지고 있는 그 때 해방 운동 희생구원회로부터 "노동자 농민의 병원을 만들라"는 호소가 터져 나옵니다. 이를 계기로 이듬해 1930년 1월 도쿄에 '오자키大崎 무산자 진료소'가 개설됩니다. 이후 무산자 진료소 개설운동이 각지에 퍼져 오늘날의 민의련(전일본 민주의료기관 연합회)의 전신인 '일본 무산자 의료동맹'이 결성됩니다.

1929년 3월 15일, 우익에 의해 살해된 야마모토 센지와 대만에서 죽은 일본공산당 와타나베 마사노스케®를 추도하기 위해 전국 각지에서 일제히 '와타나베 야마센 노농장'이 거행됩니다.

교토에서는 '야마센 와타마사 노농장'이라는 이름으로 교토 시내 산죠三条 청년회관(현재 교토 YMCA)에서 거행됩니다. 제단에는 프롤레타리아 미술동맹이 그린 노동자 농민의 그림이 장식되었습니다. 이 노농장에 참여하려 한 사람들이 검거되어 결국 참여자는 약 400명, 추도사도 입회 경찰관에게 차례차례로 '중지'를 받아 제대로 조사를 할 수도 없는 상태였습니다.

같은 날 도쿄 아오야마青山 장례식장에서 거행된 '야마센 와타마

1929. 3. 10 『오사카 아사히신문』

1929. 3. 10 『교토 마이니치신문』

1929. 3. 10 『교토 니치니치신문』

무산자병원 건설을 전하는 『교토 니치니치신문』

하나야시키 제단

교토 야마센 노농장, 교토 YMCA, 1929. 3. 15

사 노농장'에 대해서도 경찰의 탄압은 혹독했고, 참여자 1000여 명을 단속하기 위해 경찰관 약 860명이 동원되었습니다. 그리고 조사를 낭독한 사람들에게 입회 경찰관으로부터 '중지'가 연발되고 27명이 검거되었습니다.

비밀리에 활동을 계속해 온 일본공산당 중앙위원회는 3월 12일 『무산자신문』에 '고 야마모토 센지에게 일본공산당 당원 자격을 증여한다'고 발표합니다.

한편 야마센을 살해한 구로다 호쿠지는 전 오사카 부경의 순사였습니다. 그는 '죽일 생각은 없었다'며 정당 방위를 주장해 체포 후 불과 50일 정도에 보석되고, 재판도 이례적인 속도로 진행되어

야마센 서거 후 무산정당 야마센 의석

징역 12년의 판결이 확정됩니다. 그러나 불과 6년 정도 복역한 후 구로다는 출옥합니다. 그 뒤 조선에 건너가 만주 특무기관에서 일하다 종전 후 귀국, 정신병원에서 생애를 마칩니다.

구로다는 죽음을 앞두고 "야마센을 찌른 것은 '높은 사람이 부탁했기 때문'이었고, 성공하면 150엔 보수 외에도 '좋은 신분'이 약속되었다. 그 높은 사람은 복역 중에 한 번 면회를 왔지만 출옥 후에는 상대해 주지 않았고 문전박대했다. 그 높은 사람은 전쟁 후에 국회의원이 됐다"고 말했습니다.

- 오쿠무라 진노스케   1874~1930년 교토 부 출신. 1915년 우애회(友愛會) 교토 지부 결성. 1927년 노농당 공식 인증으로 교토 부 의회 의원에 당선
- 데스마스크   사람이 죽은 직후에 그 얼굴을 본떠서 만드는 안면상
- 가와카미 하지메   1879~1946년 야마구치 현 출신. 교토 제국대학 교수, 마르크스주의 경제학자. 1916년 『오사카 아사히신문』에 연재된 빈곤 문제를 다룬 「가난 이야기」가 큰 반향을 불러일으킴. 치안유지법으로 1933년부터 1937년까지 복역
- 타무라 유키오   1904~1986년 나가노 현 출신. 야마센 장례위원회 사무국장, 노농당원. 전쟁 후 '일본국민 구원회' 교토 부 본부 사무국장, 라이트하우스 관장 등을 역임 ('일본국민 구원회'는 1928년 4월 7일 결성된 인권단체. 전쟁 전에는 치안유지법 탄압 희생자 구제 지원활동. 전쟁 후 국가에 의한 조작 사건, 국가와 기업의 부정 등에 대항하는 사람들의 인권을 위해 전국 100건 이상 사건을 지원하고 있음_역자)
- 와타나베 마사노스케   1889~1928년 지바 현 출신. 일본 공산당원으로 1928년 위원장. 대만에서 사망

13.
야마센이
우리에게 남긴 것

 제56회 제국의회를 앞두고 야마센은 서재에 '전쟁
박멸을 위해 분투하자' '인생은 짧고 과학은 길다'는
슬로건을 내겁니다. 그리고 '원하든 원하지 않든, 마침
내 올 그 날을 위해' 목숨을 걸고 역사의 수레바퀴를
앞으로 나아가게 할 것을 결심합니다.

국민의 사상, 언론의 자유가 극도로 제한된 절대주의적 천황제
에서 생물학자 야마센은 그야말로 목숨을 걸고 과학적 양심을 발휘
하고자 했습니다.

한편 절대주의적 천황제 국가는 폭력적으로 국민의 사상 언론
결사의 자유를 빼앗고, 천황과 국정에 대해 비판할 수 없는 체제를

더욱 강고히 했습니다. 야마센이 암살되고, 사형법과 치안유지법이 국회에서 가결되고 약 1개월 후인 1929년 4월 16일, '4.16사건'이라 불리는 대대적인 공산당 탄압사건이 치안유지법을 이용해 일어납니다. 이치가와 쇼이치市川正一 등 다수의 공산당 간부가 체포 투옥됩니다. 1933년 2월 20일에는 『가니코센蟹工船』 등을 쓴 프롤레타리아 작가 고바야시 다키지小林多喜二가 체포되어 도쿄 츠키지築地 경찰서에서 학살됩니다.

중국으로 침략을 확대한 일본은 독일 이탈리아와 3국 동맹을 맺고 1941년 12월 8일 태평양 전쟁에 돌입해 아시아 인 2천만 명, 일본 국민 310만 명의 고귀한 목숨을 앗아갑니다.

1945년 8월 15일 일본의 패전으로 태평양 전쟁이 종결되고 일본은 새로운 시대를 맞이합니다. 같은 해 10월에 치안유지법이 폐지되고, 감옥에 묶여 있던 3,000명 이상의 치안유지법 희생자가 석방됩니다.

1946년 11월 3일 마침내 일본국 헌법이 공포됩니다. 주권 재민, 전쟁 포기, 사상 신조 표현 출판 결사의 자유 등 기본 인권을 규정한 새로운 헌법입니다. 이 헌법의 근본에는 야마센의 유지를 계승하는 사람들의 노력과 비참한 침략 전쟁에 대한 반성이 있습니다. 야마센의 뜻이 결실을 맺은 것입니다.

그러나 보수 집권 세력은 반격을 꾀해, 평화 헌법 체제에 대항하는 미일안보 체제를 만들어 냅니다. 미국이 하라는 대로 하고 대기업을 우선하는 정치는 국민의 생활과 사회 보장을 억압하고 있습

『청명의 계절』 사진

니다. 한편 연간 5조 엔이나 되는 방위 예산과 '미일 괌 협정'에 나타나듯이 세계에서 유례없는 미국에 대한 군사비 부담 등 거액의 세금을 낭비하고 있습니다.

또한 태평양 전쟁 이전 침략 전쟁을 반성하지 않은 개헌 세력이 정부의 교전권을 부정하는 헌법 9조를 개악하여, 일본을 다시금 전쟁할 수 있는 나라로 바꾸려고 책동하고 있습니다.

야마센의 장녀 하루코는 아버지의 죽음을 자작 시집『청명의 계절』*에서 다음과 같이 노래합니다.

"60년 전 주권재민을 허용치 않은
완미*가 아버지의 목숨을 빼앗았다
전사, 전쟁 재해사 3백만 명에 앞서
훼방꾼 야마센의 말살이 있었다
언론을 묶는 법 또한 꾀하여,
둘러싼 역사는 울부짖고플 만큼 분하다
데스마스크, 네가 차가운 브론즈의
눈동자를 지금 이 세상에 열어다오"

지금 다시 일본을 전쟁에 끌어들이려는 세력의 책동에 맞서 평화 헌법을 지키라며 풀뿌리 운동을 추진해 나가는 '9조회' 운동이 전국으로 확산되고 있습니다. 야마센이 후세에게 맡긴 평화롭고 민주적인 사회를 구축하는 과제와 운동은 지금도 많은 이들에게 계승되고 추진되고 있는 것입니다.

(본문에서 경칭은 생략하였습니다.)

● 이치가와 쇼이치 1892~1945년 야마구치 현 출신. 일본공산당 창립에 참가. 기관지 『아카하타』의 편집 책임자. 종전을 목전에 두고 옥사
● 『청명의 계절』 야마모토 하루코가 1990년 세이지샤靑磁社에서 발행한 시집. 제1회 우지 시 무라사키 시키부紫式部(소설가, 시인) 시민문화상 수상작
● 완미頑迷 융통성 없이 고집이 세 사리에 어두움 (_역자)

2부

그러나
나는 외롭지 않다

1.
민중 후보
야마모토 센지의 정견

_1928년 제1회 보통선거

모든 농민, 노동자, 봉급생활자, 소상공인 여러분.

정우회, 민정당, 혁신당, 그 외 정당 모두 대지주 대자본의 정당이며, 이들 정당에 속한 정치가가 모두 대지주 대자본의 대변자임은 여러분이 이미 잘 알고 있는 대로입니다.

요즘 지독한 불경기로 가장 고통 받고 있는 우리 농민, 노동자, 월급쟁이, 소상인에게 그들 대지주 대자본 정당 정치가는 대체 무엇을 해주었는가!

소와 말처럼 일해도 생활이 고통스러워서, 조금이라도 소작미를 깎아 달라면 바로 소작농 출입 금지! 토지를 내놓으라 한다. 자작농

昭和四年三月五日

宣治

四拾壹歳逝

과 소상인에 대해서도 비싼 농구와 비료를 사게 하고, 징수하는 세금으로 숨도 못 쉴 상황이다.

　노동자와 월급 받는 이들의 수입은, 매년 매월 악화일로다. 게다가 지금은 실업자가 확 늘어나는 상황이니 언제 일을 잃을지 모른다.

　…지금 우리 민중의 생활은 세금과 빚과 가난과 실업에 둘러싸

야마센 서거 50주년 기념 전국 공연 포스터

여 매우 불안한 상태이다. 하여 우리들이 생활 옹호 운동을 일으키면, 바로 그 언론과 집회 결사를 맹렬히 압박해 온다. 이것이 정우, 민정 등이 우리에게 자행해 온 정치다.

　작년 4월 재계 공황 때 임시의회는, 우리 민중에게서 짜낸 혈세 7억을 소수 재벌에게 만장일치로 주었으나 당시 가장 혹독한 타격을 입은 우리에게는 한 푼도 내주지 않았다.

　현재 세금은 대체로 중산 계급 이상에서 약 3할 8분, 중산 계급 이하에서 약 6할 2분의 비율로 징수하고 있다. 아무리 일해도 우리 생활이 갈수록 고통스러워지는 것은 당연하다.

　지금은 우리 함께 고통 받고 있는 모든 동지, 농민 노동자 소상인 모두가 굳게 손을 잡고 진정한 우리 대표를 뽑지 않으면, 우리 생활의 안정과 향상은 절대로 바랄 수 없다.

부족한 나 야마모토 센지는 민중의 대표로서, 앞으로도 저들 대지주 대자본의 정당 정치가와 철저히 싸워 나갈 것을 결의하면서 이번 선거전에서의 정견을 밝힌다.

- 농작물 압류와 (소작농에 대한 경작지) 출입 금지에 반대, 경작권 확립
- 실업자 생활 국고 보증과 최저 임금 제정
- 소득세 면세 지점 인상 및 고율 누진 부과
- 생활필수품 관세 및 소비세 폐지
- 언론 집회 출판 결사의 자유
- 선거법의 철저한 개정
- 일하는 농민에게 토지를 보증
- 노동자에게 일과 식량을
- 세금은 대지주 대자본가에게 내게 할 것
- 모든 인민에게 자유를

위와 같은 내 주장에 동감하는 분은
모두 저 야마모토 센지를 지지해주실 것을 간절히 부탁드린다.

소화3년(1928) 2월 노농당 공인 제2구 후보자, 이학박사 야마모토 센지

2.
평화와 건강을 위한
한일 연대를 소망하며

후지스에 마모루藤末衛 · 전일본민주의료기관연합회 회장

昭和四年三月五日
宣治
四拾壹歲逝

야마센, 곧 야마모토 센지(1889. 5. 28~1929. 3. 5)를 처음으로 정식 소개하는 책의 한글판 출판 소식에 감동이 매우 큽니다. 진심어린 존경의 뜻을 담아 한글 보냅니다.

제1차 세계대전(1912~1918) 후 한일의 역사적인 민주운동이 발흥된 시기, 야마모토 센지는 일본의 주요 인물 중 한 사람입니다. 전일본민주의료기관연합회의 원류인 '무산자 진료소 운동' 개시와 관련이 있는 인물이지요. 제1차 세계대전 말기에 러시아혁명(1917)이 일어나고, 일본에서는 쌀소동(1918)과 노동쟁의

야마센 장례 행렬

등 민중들의 요구와 운동이 격해집니다. 아시다시피 한반도에서는 3.1운동(1919)이 일어났습니다. 야마모토 센지는 시대의 큰 변화 속에서 진보적인 생물학자로서 활동을 시작하고, 점차 노동자 농민을 위한 정치 실현의 선두에 서게 됩니다.

　일본 정부는 민중의 정치적 각성과 사회운동 발전을 꺼려, 1925년 보통선거법과 동시에 사회운동 탄압을 위해서 치안유지법을 성립시킵니다. 1928년 2월 제1회 보통선거 때 교토 제2구에서 야마모토 센지가 당선을 이뤄내고 바로 그 직후인 3월 15일, 정부는 치안유지법에 근거해 공산당과 민주운동가에 대한 대 탄압 사건을 일으킵니다. 그리고 세계공황이 일어난 1929년, 일본의 전쟁 정책에 반대하고 치안유지법의 엄벌화(*최고형 사형)에 반대하는 유일한 국회의원 야마모토 센지가 3월 5일에 암살됩니다.

　야마모토 센지의 장례마저도 탄압의 대상으로 삼은 정부와 대치해 '노동자 농민의 병원을 만들라'는 호소가 잡지 『전기戰旗』에 게재됩니다. 호소문 기안자는 1930년 일본 첫 무산자 진료소로 설립된 '오사키大崎 진료소' 초대 소장 오구리 키요미小栗清実 의사였습니다. 무산자 진료소는 침략 전쟁을 반대하는 의료 종사자 집단이 탄압으로 건강을 해친 투사와 가난한 민중을 치료하기 위한 의료기관으로, 각지에 설립됩니다. 그러나 정부의 탄압으로 차례로 폐쇄되고, 일본은 제2차 세계대전으로 돌진합니다.

　제2차 세계대전 후, 해방된 전 무산자 진료소 의사와 간호사들은 1946년 5월 1일 도쿄 자유병원 설립을 시작으로, '민주진료소'를 전국 각지에 급속히 건립해 나갑니다. 당시, 극단적인 무권리 상태에 놓여 있던 재일조선인 여러분들과 협력해서 설립된 '민주진료소'도 있었습니다. 그리고

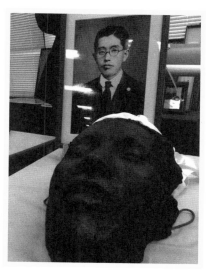

야마센 데스마스크

1953년 6월 7일에 전일본민주의료기관연합회 약칭 '민의련'이 결성됩니다.

돌아보면 민중에 의한 평화와 인권, 민주주의를 요구하는 운동이 일어날 때에는, 절실한 의료와 건강 요구에 부응하는 운동이 일어나고 나아가 조직화한다는 역사 사실을 확인할 수 있습니다. 제2차 세계대전 중 유럽 레지스탕스 운동에서도 의료 종사자가 분투하고, 전후 복구의 주요한 과제로 의료 건강권 실현을 모색하여 복지국가의 길을 걷게 됩니다. 한국에서 1987년 민주화운동의 흐름 속에서 보건의료 주체들의 운동과 조직이 결성되는 것도 같은 맥락에서 이해됩니다.

야마모토 센지의 삶과 그 시대가 건강권 실현 운동과 떼려야 뗄 수 없이 이어져 있음이 한국의 독자 여러분에게 전해지길 바라는 마음 간절합니다.

평화와 건강을 위한 한일 연대를 소망하며!

3.
한국과 일본 민중이
미래에 계승할 것들

고쿠타 게이지|穀田恵二 • 일본 중의원 의원, 일본공산당 국회대책위원장

昭
和
四
年
三
月
五
日
宣
治
四
拾
壹
歳
逝

"야마센 홀로 보루를 지키다
그러나 나는 외롭지 않다
등 뒤에서 지지하는 대중이 있으므로"

야마센 즉 야마모토 센지. 그의 최후 연설의 일
절을 쓴 탁본은 일본공산당 국회의원단 응접실에
오늘도 걸려 있습니다. 전쟁 전 암흑의 시대 주권재민과 국민의 자
유, 민주주의를 요구하며 싸운 불굴의 선배가 남긴 가르침을 계승
하려는 우리의 결의를 나타냅니다.

야마센 전기 한글판을 축하하며

야마센 암살 90주년에 한국에 야마센 관련 책이 출판되는 쾌거에 진심어린 박수를 보냅니다. 우지 야마센회가 발행한 책은 일본이 침략 전쟁과 식민지 지배를 향한 암흑의 시대, 평화와 민주주의를 요구하며 끝까지 싸운 야마모토 센지의 생애와 그를 지탱해 준 민중의 모습을 쓴 훌륭한 책입니다.

또한 '일본 국민을 무권리상태에 놓이게 한 천황제의 전제지배를 무너뜨리고, 주권재민, 국민의 자유와 인권을 쟁취하기 위하여' 싸우고 '침략 전쟁에 반대하고, 세계와 아시아의 평화를 위해 싸웠다' '일본 제국주의의 식민지였던 조선 대만의 해방과 아시아의 식민지 반ⁿ 식민지 모든 민족의 완전 독립을 지지하며 싸운'(일본공산당 강령에서 인용) 일본공산당과 전쟁 전 일본사회를 알기에 알맞은 책입니다.

나아가 오늘날 일본의 정치상황과 야마센의 뜻을 계승하는 투쟁과 전망을 간결하게 이야기하고 있다는 점에서도 상당히 시의적절한 책이어서 진심으로 반갑습니다.

암살된 야마센에게 일본공산당원 칭호와 노농장을

야마센이 목숨 걸고 반대한 것은, 당시 내각의 전쟁 정책에 대한 국민의 비판과 노동자 농민 운동의 고양을 억압하기 위해 위반자의

최고형을 사형으로까지 높
이려는 치안유지법 개악이
었습니다. 이는 언론 탄압
과 결사의 자유 부정에 대
항해 싸워 나가는 전위(일
본공산당)의 활동을 압살하
려는 악법이었습니다.

야마센은 국회에 상정
된 치안유지법 개정에 반
대 연설할 강한 의지를 표
명하지만 반대 토론의 기
회를 빼앗기고, 3월 5일 우

90주기 추모제 실행위원장 혼조 유타카 교사 추모
사, 2019. 3. 5

익의 흉도에 쓰러집니다. 당시 지하활동 중이던 일본공산당 중앙위
원회는 야마센 서거 소식을 접하고 3월 12일자 『무산자신문』에 '고
야마모토 센지를 기리며 당원 자격을 부여하고 노농장으로 애도한
다고 발표'합니다. 이렇게 야마센의 생애는 당시 일본공산당의 투
쟁과 깊숙이 연결되어 있습니다.

정월이면 야마센 묘를 찾아 결의를 다지며

저는 1990년에 일본공산당 중의원 교토 제1구 선거구 후보자가
된 이래, 정월 초하루면 야마센 묘소에 성묘합니다. 일본공산당의

교토 부-시회 의원단, 우지 시회 의원단 여러분들과 함께, 신년이 면 야마센 불굴의 생애를 초심으로 삼아 평화와 민주주의의 전진을 지향하며 싸워나갈 결의를 다집니다.

야마센 묘에 이어서, 교토에 잠든 혁신 운동 선배의 묘와 비를 찾습니다. 야마센에게 일본공산당의 결정으로 총선거 입후보를 촉구한 '다니젠谷善' 즉 다니구치 젠타로谷口善太郎 중의원 의원, 지방 자치의 등대로 불리는 민주 정부를 28년에 걸쳐 쌓아 온 니나가와 도라즈蜷川虎三 전 교토 부京都府 지사, 마르크스 경제학자로 교토 제국대학 교수였던 가와카미 하지메河上肇(선거에서 야마센의 추천 장을 쓰고 지지 연설), 기요미즈야키清水焼* 노동자 다니젠과 함께 교토 일본공산당을 창립한 니시진西陣 노동자 고쿠료 고이치로国領五一朗, 평화 민주 운동에 진력하고 서거한 교토 연고 전사들을 기리는 '교토해방전사의 비' 등을 찾아, 선배들 앞에서 결의를 다집니다.

야마센 생애를 그린 영화 「무기 없는 싸움」 강력 추천

야마센의 생애는, 일본공산당원인 야마모토 사츠오山本薩夫 감독*에 의해 「무기 없는 싸움」이라는 영화로 만들어집니다. 인간적이면서도 유머러스한 야마센의 인물상과 서민들의 고통스런 삶이 그려져 있습니다. 영화에서는 "나는 야마모토 센지입니다. 나에게도 4명의 아이가 있습니다. 아이들이 있기 위해 아내가 있습니다. 아내가 있으므로 아이들이 있습니다. 요컨대 밤에는 여러분과 저 모두 같은 것을 하고 있다는 말이지요. 여기 계신 순사부장님도 밤에 잘 때 설마하니 사벨(양검)을 찬 채로는 아니시겠죠"라고 말합니다.

또 "우리 나라 아이들 이름 붙일 때 습관을 보면, 특히 아이가 많은 무산계급 사이에서 부모들이 원치 않은 아이가 태어났을 때, 류키치留吉 오마츠ぉ末 등 더 이상 낳지 않겠다는 부모의 태도를 고백합니다. 정작 결심해도 다시 계속해서 생겨났을 때는 샤키치捨吉 따위 등 상당히 박정한 이름을 붙이는 사람도 있습니다"라고 말합니다.

이렇게 당시 '가난한 이들의 다산과 생활난', 민중을 위한 산아제한 운동의 장면이 나옵니다. 전후 일본공산당의 중의원 의원으로서 활약한 다시구치 젠타로는 영화에서는 '다니상'으로 등장하고 있습니다.

영화에서 또 하나의 백미는 야마센의 국회 질의 장면입니다. 1929년 2월 8일, '제56회 제국의회 중의원 예산위원 제2분과(내무성 및 탁식성拓殖省 소관) 회의록'에 근거해 충실히 재현하고 있습니다. 당시 관헌에 의한 불법 검속, 구금, 고문에 대해 사실에 의거 고발하고 탄압을 규탄하는 내용은 가히 압권입니다.

"차디찬 겨울 벌거벗겨진 채 짐승처럼 기어 다니게 하고… 죽도竹刀로 때리고… 바닥을 핥게 하고" "피고는 죽도로 거듭 맞아 기절을 했다, 문득 눈이 뜨이면 머리맡 밥그릇에 향불이 피워져 있다, 죽인 사람이 죽은 이의 원한을 두려워 해 명복을 비느라, 사체로 보이는 자의 베개 언저리에 향을 피워 놓았다"고 고발하는 장면이 있습니다. 야만적인 탄압의 가열함과 긴박한 말들이 오싹오싹하게 전해집니다.

중요한 문제에는 답변 거부, 혹은 갑자기 태도를 바꾸어 위협적으로 나오거나 반대로 협박에 가깝게 답변하는 행태는 오늘날 아베 정권과 다르지 않아 쓴웃음을 짓지 않을 수 없습니다.

연설 못한 치안유지법 개악 반대 원고가 말하는 것

야마센의 원고는 치안유지법의 본질 그리고 악법을 추진하는 자본가 지주 등 지배계급의 의도가 '백색 공포 정치를 감행하기 위해' '노동자당 박멸을 위한 치안유지법 개악'이라고 완전히 갈파하고 있습니다.

그리고 일본공산당을 "일본 무산자 계급의 유일한 정당, 노동자 계급의 혁명적인 전위당, 노동자의 본질적인 이익을 쟁취하고 노동자를 폭행하고 학대하는 자본가 정부의 공세로부터 구제하기 위한 정당"이라고 단적으로 강조합니다. 나아가, "공산당은 세계 각국에서 공인된 당으로서 존재하고 있다"며 정당 존재에 사회적 근거가 있다고 단정합니다.

또한 야마센은 앞서 언급한 국회 질문의 마지막에 '97퍼센트를 점하는 무산 계급의 정치적 자유을 획득하기 위해, 희생과 피와 눈물과 목숨까지 바친다"고 호소합니다.

오늘 우리가 주장하는 "1%의 부유층을 위한 정부가 아닌, 99%

의 사람들을 위한 정치" 제기와 상통하는 것 아니겠습니까.

미래에 계승해야만 할 것

야마센의 딸 야마모토 하루코 씨는 시집 『청명의 계절』로 제1회 무라사키 시키부紫式部 시민상을 수상했습니다. 그 시의 일부는 본문 1부에 소개되었습니다.

하루코는 '하나야시키'의 옛집에 살았습니다. 그의 수상을 축하하며 고타츠°에 앉아 귤을 먹으며 담소를 나눴던 것을 지금도 기억합니다. 하루코 씨가 시집을 펼칩니다. "언론을 묶는 법 또한 꾀하여, 둘러싼 역사는 울부짖고플 만큼 분하다." 전쟁의 길을 다시 걸어서는 안 된다며, 헌법이 나타내는 평화의 길을 가야만 한다고 나지막하게 말했습니다. 하루코 씨는 1995년 3월 5일, 기이하게도 아버지 야마센과 같은 날에 세상을 떠났습니다.

아베 자민당 공명당 정권에서 안보 관련 법제, 집단적 자위권 행사 용인 결정, 비밀보호법과 공모죄 등의

딸 이데 미요와 손자 야마모토 에이지 의사

강행, 헌법 개악을 목소리 높여 외치면서 전쟁하는 나라 만들기가 진행되고 있습니다.

그러나 야마센의 불굴의 투쟁을 통해 만들어진 일본국 헌법의 평화주의, 기본 인권과 국민 주권의 원칙이 전후 일본 사회에는 숨 쉬고 있습니다. 바꾸어야 하는 것은 정치입니다. 야마센과 하루코 씨의 뜻을 이어, 일본공산당은 시민과 야당이 함께 하는 공동 투쟁으로 아베 정권을 무너뜨리고, 희망이 있는 새로운 정치를 실현하기 위해 도전하고 있습니다.

한국과 일본 민중의 연대가 야마모토 센지의 이 책을 통해 깊어지기 바랍니다.

● 기요미즈야키清水焼   교토 부에서 구워지는 도자기
● 야마모토 사츠오山本薩夫 감독   사회파 거장 영화감독, 대표작 「하얀거탑」
  1966
● 고타츠   일본식 난방기구, 각로

4.

등 뒤 대중으로서
역사 교사는 무엇을 할 수 있는가

_야마센, 후세 다츠지, 윤동주

가스야 마사카즈槽谷政和 • 역사교육자협의회 회장. 이바라키 대학교 현대사회학과 교수

昭和四年三月五日
宣治
四拾壹歲 斷

　　　우리 역사교육자협의회 일한교류위원회는 역사 교육 현장에 서 있는 한일 역사 교사들의 수업 실천을 공유하면서 역사 교육과 연구, 수업 연구 등을 함께 진행하고 있습니다.

　　　2002년 제1회 심포지움 개최 이후 매년 수업 실천 보고와 공개수업을 하면서, 일본과 한국이 어떠한 역사 인식을 공유할 수 있는지 물으며 계속 그 답을 찾고 있습니다. 또한 한일 공통 역사 교재인 『마주보는 한일사』*를 출판해, 근현대사의 주제들을 미래지향적으로 인식하는 수업들을 모색합니다.

근현대사 주제는 제국 일본과 식민지 조선, 침략과 저항, 가해와 피해라는 대립 관계 속에서 이해하기 쉽지만 그 한계를 넘어 전쟁, 평화, 인권이라는 보편 시각에서 이해하려는 노력이 필요합니다. 또한 보편적 시각을 갖기에 적합한 역사 인물을 발견해야 합니다.

앞서 말씀드린 역사 공통 교재에는 「조선 민중과 함께 싸운 일본인」이라는 항목이 있습니다. 일본인의 미담으로 끝내지 않는다는 전제로, 후세 다츠지布施辰次처럼 당시 조선 민중에게 다가선 일본인의 삶을 다뤘습니다. 한일합병 후 식민지 지배 시기, 해외 침략 수행과 함께 일본 국내에서도 인권탄압이 강화되었고 이는 식민지 조선에서도 마찬가지였습니다. 이러한 힘겨운 정치 상황에서도 일본인만이 아니라 조선인의 인권까지 지켜야 한다는 신념을 관철한 변호사가 후세 다츠지입니다.

그리고 후세 다츠지처럼, 노농당 중의원 의원으로서 치안유지법에 의한 인권 탄압에 결단코 반대한 이가 야마모토 센지 즉, 야마센이었습니다. 야마센이 암살되었을 때, 그의 양복 주머니에는 그날 행하지 못했던 치안유지법 반대 연설 원고가 들어 있었습니다. 3.15 사건으로 탄압받은 일본공산당이 내건 슬로건이 인용되어 있는데, 그 중 '제국주의 전쟁 반대' '대 지나(중국) 비간섭' '식민지 절대 해방'이 포함되어 있습니다.

야마센이 식민지 조선인들을 어떻게 생각하고 있었는지 찾아보면, 야마센이 도시샤 대학과 교토 대학에서 가르칠 때, 1926년 6월에 재 교토 조선유학생 학우회가 발행한 학우회지 『학조学潮』 창간호에 글을 기고하고 연대 메시지를 보냈음을 알 수 있습니다. 아울러 자신이 편집한 잡지의 광고를 실게 해 재정적으로도 학우회를 도왔다는 일화가 남아 있습니다.

아마가세 수현교

또한 야마센 생가 '하나야시키' 근처 우지 천변의 아마가세 수현교에서 도시샤 대학에 유학 중이던 윤동주가 친구와 찍은 사진이 있습니다. 윤동주는 그 후 한글로 된 시를 썼다는 이유로 치안유지법 위반으로 체포되고, 후쿠오카 형무소에서 옥사하고 맙니다. 윤동주도 야마센도 모두 치안유지법 희생자입니다. 윤동주가 아마가세 수현교에 이르기 전 '하나야시키'를 지나며 눈길을 한번 주었을지도 모를 일입니다. 직접적인 관계는 없었던 두 사람이지만 동시대를 살며 마음의 접점이 있었으리라 봅니다.

현재 많은 중학교 교과서에는 메이지, 다이쇼, 쇼와 시대 사회 운동가로 가타야마 센片山潜, 고토쿠 슈스이幸徳秋水, 다나카 쇼조田中

하나야시키 자료관

正造, 히라츠카 라이쿄우平塚 らいてう●, 이치가와 후사에 市川房枝, 고바야시 다키지小 林多喜二 등을 다루고 있습니 다. 야마모토 센지에 대해 구 체적으로 다룬 역사 교과서는 많지 않습니다. 이런 상황에 서 2016년 발행된 중학교 교 과서『함께 배우는 인간의 역 사』●는 2쪽에 걸쳐 야마센을 소개하면서 탐구 학습 과제로 야마센의 삶에 다가가 묻게 합니다.

"이 시대 사람들은 왜 전쟁에 반대할 수 없었는가?" 이 질문은 치안유지법 때문에 국민이 자유롭게 발언할 수 없었던 시대였다는 것, 치안유지법에 반대한 국회의원이 있었음을 소개합니다. "이런 교과서가 있다면 분명 수업이 재미있어진다," "아이들의 배움이 더 욱 깊어진다," 이런 생각으로 만들어진 교과서입니다. 여기 야마센 이 소개된 것은, 야마센의 삶이 매력적이기도 하고, 야마센이 미래 의 주인공인 아이들이 알아야만 할 인물인 때문이기도 합니다.

앞으로 일본에서 위 교과서를 사용해 야마센에 대해 어떻게 수 업 실천이 이루어질지 기대됩니다. 그리고 한국에서는 이 한글판 책이 학교 교육 현장 동아시아사 수업 중에 다뤄질 것을 생각하니 가슴이 뜁니다.

현재 한일 양국 정부 차원의 관계는 그다지 좋다고 이야기할 수 없습니다. 그러나 역사를 거슬러가 보면, 후세 다츠지와 윤동주, 야마센 이외에도 많은 사람들이 두 나라의, 그리고 세계 평화를 소망해 왔습니다. 야마센을 비롯해 전쟁 없는 평화로운 세계를 지향한 사람들의 삶을 아이들에게 전함으로, 풀뿌리 교류가 생생하고 미래지향적이 되도록 해 나가야 할 것입니다.

치안유지법에 의한 암흑의 시대를 두 번 다시 되풀이하지 않기 위해서도 많은 사람들이 이 책을 통해 야마센을 알고 평화와 인권, 민주주의에 대해 생각할 수 있기 바랍니다.

● 『마주보는 한일사』 한국 전국역사교사모임, 일본 역사교육자협의회 공동 지음, 1~3권, 사계절출판
● 히라츠카 라이쵸우平塚らいてう 여기 일본어는 옛날 방식으로 고유명사 표기
● 『함께 배우는 인간의 역사』 마나비샤学び舍 간행

5.
우리는 왜 야마센의 뜻을 계승하는가

_도쿄 간다神田 진보쵸神保町 야마센 종언지 기념 팻말

에이지마 타미오永島民男 · 도쿄 야마센회 회장

昭和四年三月五日
宣治
四拾壹歳逝

공모죄는 현대판 치안유지법

2017년 6월 15일, 테러 등 준비죄 신설을 내용으로 하는 '조직범죄 처벌법' 개정안이 아베 내각에서 자민당 공명당 등의 찬성 다수로 성립되어 7월 11일에 시행되었습니다. 법률 명칭은 '테러 등 준비죄'이지만 많은 국민들이 '양심의 자유를 침해한다', '일반 시민이 수사 대상이 된다'며 이 법안을 '공모죄'라 부르고, 전쟁 전의 치안유지법을 떠올리며 반대했습니다. 법안 심의에서 일단 양심을 처벌하는 법률이 만들어지면 정권과 수사기관은 마음대로 해석해 국민의 자유 의지를 위축시키면서 자유로운 사회를 억누를 수 있습니다. 바로 이 점이 전쟁 전 국민 탄압법인 치안유지법과 포개집니다.

전쟁 전 그 치안유지법에 목숨을 걸고 반대한 유일한 국회의원, 교토 출신 노동농민당 야마모토 센지. 제국의회에서 단 한 사람이, 치안유지법 최고형을 징역 10년에서 사형으로 고치려는 법 개악에 반대합니다. 지금 일본에서 시행되는 공모죄와 그 이전의 안전보장관련법(전쟁법), 유사법제와 헌법9조 개헌을 골자로 하는 헌법 개악으로 인해 자유를 빼앗기고 일본이 다시 전쟁으로 치닫는 것 아닌가 하는 위기감이 있습니다. 그래서 야마센에 다시 주목하게 됩니다.

야마센 종언지에서 공적을 기리다

야마센이 살해된 간다神田 진보쵸神保町 숙소 고에이칸은 그 후 폐업하고 토지 소유자도 여러 차례 바뀝니다. 마지막에는 지요다千代田 구 재개발 사업이 진행되고 거대 부동산 회사가 대형 맨션을 지어 현재에 이릅니다. 야마센이 최후를 맞은 종언지에 기념비와 안내판을 세워 후세에게 남기자는 운동은 고에이칸 터 특정을 포함해 많은 사람들이 관련됩니다.

고에이칸 터에는 그 후 덴키쇼인電気書院이 영업을 하고, 그 건물

측벽에 기념 팻말을 설치해야 한다는 타진은 실현되지 못합니다. 1985년 국민구원회 지요다 총지부 결성 20주년 기념사업으로 '진보쵸 고에이칸 부근 기념비 건립 방침'을 제시해 도와 구의 공유지에 건설을 요구하는 절충이 시작되었으나 이도 실현되지 않습니다.

1990년에는 '지요다에 민주주의 사적을 보존하는 모임'이 결성되어 야마센 기념지를 사적으로 만드는 활동을 시작합니다. 모임 설립 취지문에는 '치안유지법 개악에 반대해 암살된 노농당 국회의원 야마모토 센지 순난비 건립'이 활동 방침 맨 위에 올랐으나 몇 해 만에 모임이 해체됩니다. 1997년 3월 5일 제1회 '지요다 야마센제'가 개최되면서 활동 주체가 지요다 야마센회로 이전되지만 다시 중심 멤버의 고령화로 활동은 종식됩니다.

되살아난 야마센 운동

야마센의 공덕을 기리기 위한 '야마센 현창顯彰 운동'(이하 '야마센 운동')의 모체는 전국에 존재합니다. 야마센 출신지인 교토 부 우지 시 우지 야마센회는 매년 3월 5일 서거일에 추모제를 개최하고 탄생일 5월 28일에도 '야마센제'를 개최합니다. 「무기 없는 싸움」 영화 제작에 관여한 오사카 부에는 오사카 야마센회, 농민대학 일로 방문한 나가노 현 우에다 시에는 나가노 야마센회, 아이치 현에는 아이치 야마센회가 있고, 홋카이도와 니가타 현에도 야마센회 활동이 있습니다.

야마센 종언지 도쿄의 활동이 고사된 상황을 타개해야만 한다는 생각이 옛 지요다 야마센회 멤버 다수에게 있었습니다. 2006년에 열린 우지 야마센회 주최로 야마센 족적을 둘러보는 '야마센 도쿄 투어'에 참가한 수도권 참가자 중심으로, 지요다 야마센회 전통을 계승해 '도쿄 야마센회'가 탄생합니다. 2010년 11월 13일, 일본 국민구원(구제 및 원조)회 회장 야마다 젠지로山田善二郎를 모임의 회장으로 추대하고, 야마센의 차녀로 도쿄에 살고 있는 이데 미요井出美代(필자의 장모)를 고문으로 해 정식으로 발족합니다.

이후 도쿄 야마센회는 자료집 「우리의 야마센과 도쿄-야마모토 센지 반전 평화로 일관한 생애」를 발행해 지금까지 2500권을 보급했습니다. 매년 3월경에는 강연회를 개최하고 고에이칸 터와 야마센이 최후 연설한 니시간다 소학교 터, 밤샘 장례와 고별식, 사체 부검을 거행한 도쿄 대학 주변 등을 돌아보는 야마센 도쿄 투어 실시 등 광범위하게 활동하고 있습니다.

도쿄 야마센회는 결성 취지에 '고에이칸 터 부근에 기념 팻말 설치'를 다시 내걸고, 오랜 과제였던 '종언지 야마센 운동'을 재개했습니다. 그리고 이번에 지요다 구의 '거리 기억 보존' 제도에 참여를 신청, 일본 현대사에서 야마센의 위치와 고에이칸이 야마센의 도쿄 단골 숙소였다는 것 등의 자료를 심의위원회에 제출하고, 지요다 구의 설치 결정을 이뤄냈습니다.

구청 소속 관계자를 비롯하여 맨션의 자치회, 관리조합 쪽에 90년이나 이전에 죽은 야마모토 센지라는 생물학자이자 정치가의 업적을 알려내는 어려움, 기념 팻말을 맨션 부지 내에 세울지, 구X 도道에 세울지 등을 의논하고 조정해서, 최종 구 도에 세우기로 결정합니다.

완성된 야마센 종언지 팻말

2019년은 야마센 탄생 130년, 서거 90년이 되는 해입니다. 이 기념할 만한 해에 지요다 구 사업으로 야마센 종언지 고에이칸 터에 야마센의 공적을 기리는 팻말이 세워지고 제막, 기념집회, 교류회가 3월 17일 개최되었습니다. 홋카이도에서 큐슈에 이르기까지 전국에서 200여 명이 참가했습니다.

오늘날 시대 배경을 생각하면, 지요다 구라는 행정기관이 '거리의 기억'으로 야마모토 센지의 공적을 기리는 의미는 사뭇 큽니다. 야마센 종언지를 기억에 남기는 것은, 야마센이 산 치안유지법 하의 일본이라는 시대와 함께 그 속에서 야마모토 센지라는 한 사람의 과학자이자 정치가가 어떻게 행동하였는지를 기리는 것입니다. 치안유지법 하 전쟁으로 치닫는 시대에 야마센의 행동과 죽음이 일본 현대사에서 어떤 의미를 지니는지, 그 후 15년 전쟁의 역사를 기억에 남기고 반성하는 기회로서 커다란 의미를 지닙니다. 야마센 종언지 팻말 건설은 지요다 구민에만이 아니라 일본 국민 전체에게 역사의 기억과 반성을 요구하는 것입니다.

야마센 팻말 표기와 우리들의 과제

간다 진보쵸의 야마센 팻말에는 아래와 같이 새겨져 있습니다.

[야마모토 센지 종언지 (고에이칸 터) 군국주의 시대, 국민을 탄압하는 치안유지법에 반대한 유일한 국회의원. 1929년 3월 5일 밤, 단골 숙소 고에이칸이 있던 이곳에서 우익 혹한의 흉도에 의해 39세 생애를 마치다] 지요다 구의 '거리 기억 보존 팻말' 규정에는 '(1) 관리자가 주의의무를 가지고 관리할 것 (2)팻말 설치 후에도 '거리 기억 보전 팻말' 목적을 이해하고, 계발에 노력할 것'이 있습니다. 즉, 도쿄 야마센회가 팻말을 보전하고, 야마센의 생각과 행동을 사회에 계몽하는 실천 과제가 주어진 것입니다.

야마센 종언지 기념팻말

이것은 차세대를 육성하는 것으로 이어집니다. 그러므로 마나비샤学び舍 출판 중학교 역사 교과서에 야마센이 마주보는 2페이지 분량으로 게재된 의미는 크다고 할 수 있습니다. 앞으로도 팻말 앞 집회와 야마센 투어 등 다채로운 활동을 통해 야마센의 공적을 기리는 활동과 현재에 계승해야 할 과제 그리고 우리들의 삶의 방식에 대해 묻고자 합니다.

일본에 멈추지 않고 세계를 본 야마센

야마센의 삶과 행동은 단순히 일본 국내에 머물지 않았습니다. 책에 소개된 바와 같이 1922년 3월에는 미국산아제한 회장 마가레트 싱어 여사가 런던에서 열리는 '만국산아제한회의'에 출석하는 도중에 일본을 방문해 행한 가이죠샤改造社 주최 연설회 통역을 야마센이 맡고, 그 후 싱어 여사의 『가족제한법』을 발행합니다. 일본판은 『싱어 여사 가족제한법 비판』으로 해 내무성 발행금지 처분을 피합니다.

또 독일 게오르그 니콜라이 『전쟁 생물학』을 번역합니다. 니콜라이는 제1차 세계대전 당시 아인슈타인과 함께 연명으로 전쟁 반대를 호소한 생물학자입니다. 그 아인슈타인이 같은 해 11월에 일본에 왔을 때 야마센이 찾아가 만나고, 번역서 추천문 집필을 요청해 승낙을 받아냅니다.

나아가 1927년에는 '대 지나 비간섭 동맹'(중국으로의 침략전쟁에 반대하기 위해 노농당, 일본노동조합평의회, 일본농민조합, 무산자청년동맹 등이 1927년에 결성)에 의해 중국시찰단 단장으로 선출됩니다. 중국 도항 목적은 다나카 내각에 의한 산동 출병에 반대하면서 중국 인민 지원을 위한 중국 시찰이었습니다. 그러나 중국에 가기 전 '예비 검속'으로 우지 경찰서에 구속되고 맙니다.

이러한 야마센의 뜻은 국내는 물론 아시아와 세계의 평화와 자유를 요구하는 민중과 함께하는 것이며, 전쟁과 제국주의에 반대하는 결의에 넘친 것입니다. 당시 노동 농민운동이 아시아의 노동자 농민 해방을 시야에 넣어 운동하고 있다는 것도 주목할 가치가 있습니다.

야마센의 투쟁은 이후 고바야시 다키지의 투쟁으로 이어지고, 중일 전쟁과 태평양 전쟁 사이에도 다양한 형태로 계승되며, 이윽고 맞이한 패전을 계기로 일본 민주화 운동과 오늘날의 평화와 자유를 요구하는 운동으로 계승됩니다. 이러한 일본의 현대사를 상징하는 한 사람의 생물학자이자 정치가였던 야마센을 통해 민주주의와 평화의 가치, 보루를 지켜 나가는 결의에 찬 팻말이 여러분께도 전해지기 바랍니다.

6.

2019년 3월 야마센 추모제 관련 『교토 신문』특집 기획 기사

성에 대한 선각자 '야마센'이 빛나다

_『교토신문京都新聞』30면「지역플러스」2019년 3월 5일(화)

치안유지법 반대로 암살 90년

우지 출신 정치가로 '야마센'이라는 애칭으로 알려진 야마모토 센지 (1889~1929)가 치안유지법에 반대해 39살에 암살된 지 (3월) 5일로 90년이 된다. 올해로 탄생 130년이라는 전기를 맞아 같은 날 야마센 묘소 앞 추모제 등 다채로운 행사가 기획되었다. 성 과학자 개척자로서, 남녀동등과 성의 자기결정권을 존중하는 야마센의 선견성이 다시금 주목을 받고 있다.

_즈츠미 후유키 기자

리츠메이칸 우지중고 혼조 교사에게 듣다

야마모토 센지 연구를 계속해 오고 있는 리츠메이칸 우지중고 혼조 유타카本庄豊 교사(64)에게 성 과학자 야마센의 선견과 인정미 넘치는 참모습에 대해 물었다.

"영원 (イモリ, 도롱뇽의 일종)의 정자를 연구하던 생물학자 야마센의 관심이 사람에게로 옮겨간다. 도시샤 대학 등에서 성에 관한 강의와 성교 체험 조사를 실시하고 사회운동에도 나선다."

야마센이 선각자임을 말하는 혼조 교사
(우지 시 히로노 초広野町, 리츠메이칸立命
館 우지 중고宇治中高)

성은 부끄러워하거나 꺼리거나 하는 것이 아니다. 야마센은 과학적 접근으로 성과 정면에서 마주한다. 생명의 존엄함을 말한다. 소작농과 노동자의 아내들에게 구체적인 피임 방법을 가르치는 '산아제한강연'도 대성황을 이뤄, 훗날 국회의원 당선 원동력이 된다. 싼 노동력과 군인 확보를 위해 '낳자, 늘리자' 외치던 시대. 다산으로 더욱 빈곤해지고 몸과 마음에 상처 입는 여성들을 위해서 야마센은 싸웠다.

"그리스도 교인 부모 밑에서 태어나 유소년기를 우지에서 살았다. 17

살에 캐나다로 건너가 여러 노동과 교육을 통해 개인주의와 민주주의를 체험했다."

가정에서도 남녀평등과 휴머니즘을 관철했다. 아이들의 이발과 식사 만들기, 아내와 딸에게는 '상さん' '짱ちゃん'을 붙여 공손한 말을 썼다. 장녀 하루코 씨에게는 손발에 장애가 있어 태어날 때 아기를 받은 이가 '슈아내라(태어난 산아를 죽이던 일)'고 권고했다. 병약한 자신에게 원인이 있는 것은 아닌지, 생명을 빼앗는 것이 과연 바른 일인지 야마센은 잠시 고민하지만 키우는 길을 선택한다. 산아제한 운동에 나서면서도 약자를 배제하는 우생사상에 관련되지 않는 것은 하루코 씨의 존재가 컸다. 내가 생전에 만난 하루코 씨도 '무척 다정한 아빠였다'고 했다.

'낳자, 늘리자' 시대 피임을 가르치고, 남녀평등 중시

"1928년 제1회 보통선거에 무산정당인 노동농민당 교토 2구에 출마해 중원 의원에 당선. 도쿄 숙소에서 우익에게 살해될 때까지, 정치가로서 활동한 것은 1년 남짓이었다."

치안유지법과 전쟁에 반대해 암살되었으니 '투사' 인상이 강할 수 있다. 실제는 유머가 있고, 원예를 하고, 성에 대해 이야기하고, 술도 좋아하고, 여성들에게 다정하고… 그리고 인생을 즐기는 인간성 넘치는 사람이었다. 주위에서는 유약하다고도 말했으나, 정부의 엄혹한 탄압으로

많은 사회운동가와 의원이 떨어져 나갈 때, 마지막까지 자기 신념을 관철했다. 지금도 사상을 불문하고 조직은 경직되기 쉬운 데다 특히 일본은 집단주의, 동조 압력이 강하다. 야마센의 삶은 목소리 높은 주장보다 우아한 자세야말로 끈질김을 입증한다고 시사해준다.

"혼조 선생님은 야마센 관련 저서가 3권이고, 리츠메이칸 우지 중학교에서 사용하는 마나비야学び舎 출판사 간행 역사 교과서에서 야마센 항목 등을 집필했다."

마나비야 출판사의 교과서는 2017년도부터 사용된다. 책을 펼쳤을 때 마주보는 2페이지 분량으로, 이렇게 크게 다뤄진 건 처음이다. 야마센 생애를 그린 야마모토 사츠오 감독의 영화 「무기 없는 싸움」(1960년)의 성교육 장면도 보여주는데, 학생들은 크게 관심을 보인다.

야마센에 관한 강연도 이전부터 진행하는데, 대개 치안유지법과 관련되었었다. 성의 다양성이 인식되고 성폭력을 고발하는 '#MeToo'운동이 확산되는 가운데 지난해쯤부터는 성 과학자로서의 측면을 이야기해 달라는 요구가 늘었다. 국회의원이 "(아이들을 만들지 않는 LGBT는) 생산성이 없다"고 주장하는 등 전쟁 전을 방불케 하는 언동이 지금도 남아 있다. 국책에 반대하고 성의 자기 결정권을 호소한 야마센이 새삼 주목을 받고 있다고 느낀다.

기일인 오늘 우지에서 묘소 앞 추도제

자료 견학과 영상 상영

야마모토 센지 묘소 앞 추도식(동 실행위원회 주최)이 5일 낮 12시 10분부터 우지 시 우지의 젠포 묘지에서 거행된다. 매년 200~300명이 모여 묵도와 헌화로 고인을 그린다. 묘비 뒷면에는 "야마센 홀로 보루를 지킨다, 그러나 나는 외롭지 않다, 등 뒤에서 지지하는 대중이 있으므로"라는 문장이 새겨졌다. 최고형을 사형으로 바꾸는 치안유지법 개정에 반대를 표명한 야마센이 죽기 전날 연설한 내용이다. 전쟁 전에는 이 비석을 시멘트로 메우지 않으면 건립할 수 없었다.

(좌) 생가인 요리 여관 '하나야시키 우키후네엔' 창고에 있는 자료관. 데스마스크 등 귀중한 자료가 전시되고 있다. '우지 야마센회'에 신청하면 안내해 준다.(우지 시 우지)
(우) 우지 시 중심부의 우지바시도오리를 나아가는 야마센 장례 행렬을 찍은 한 장면. 이 영상이 5일에 상영된다.

같은 날 2시 반부터 우지 시 우지의 '하나야시키 야마센 자료관 견학'(무료)이 있다. 자료관은 야마센이 살던 우지 천변 요리 여관 '하나야시키 우키후네엔'의 전통 창고 건물로, 데스마스크와 직접 쓴 편지, 장례를 그린 유화 등을 전시해 야마센의 생애를 한눈에 볼 수 있다. 보통 때도 야마센을 기리며 전하는 주민단체

야마모토 가의 묘 뒷면. "야마센 홀로 보루를 지킨다 그러나 나는 외롭지 않다 등 뒤에서 지지하는 대중이 있으므로" 라고 최후 연설한 내용이 새겨져 있다.(우지 시 우지)

'우지 야마센회'에 신청하면 견학할 수 있다. 같은 날 4시부터 도쿄와 교토에서 야마센 장례 일정을 몰래 찍은 일본 프롤레타리아 영화 동맹(프로키노) 작품 등을 여관 회의장에서 상영한다.(무료) 무성 영화여서, 우지 야마센회의 야부타 히데오藪田秀雄 회장(74)이 해설한다.

"많은 경관이 경계하는 삼엄한 분위기 속에서 흐릿하거나 발걸음밖에 찍히지 않는 등 몰래 찍는 고생스러움이 전해집니다. 후세에 기록을 남기기 위해, 막대한 필름 값을 야마센의 어머니 다네 씨가 마련하신 귀중한 작품"이라고 히데오 회장은 말한다.

많은 사람들에게 야마센을 알리기 위해 야마센회는 오리지널 티켓 케이스 1,500개와 키홀더 300개를 만들어, 이날부터 판매한다. 야마센 자료전시회(5월 16일~21일, 우지 시 생애학습센터)와 탄생 130년 기념강연회

(25일, 같은 장소), 8월에는 영화「무기 없는 싸움」상영회가 교토 시내에서 예정되어 있다. (문의는 야부타 회장 090-9615-4441)

도쿄 종언지에 기념팻말 17일 제막

2010년 설립된 도쿄 야마센회는 야마모토 센지가 우익 남성 단원에게 살해된 도쿄 지요다구 진보 초의 여관 고에이칸光栄館 터 가까이에 [야마센 종언지 기념팻말]을 세우고, 17일에 제막식을 거행한다.

기념팻말 크기는 가로 세로 모두 약 30센티 정사각형이다. 도쿄 야마센회에 의하면, 기념팻말 설치운동은 1970년대부터 별도의 단체가 해왔으나 건물이 헐리는 이유 등으로 실현되지 못했다.

현재 건물 터에는 고층 맨션이 들어섰다. 설치운동을 계승한 도쿄 야마센회는, 지요다 구 시내 기념 보존판 사업에 신청을 해, 건물 터에서 약 30미터 거

야마센이 암살된 여관 터 가까운 곳에 설치되어 17일에 제막되는 기념팻말(도쿄 도 지요다 구. 도쿄 야마센회 제공)

리인 지요다 구도区道 식재림에 세워지는 것으로 결정되었다.

도쿄 야마센회 부회장 후지타 히로토藤田廣登(84)는 "기념할 만한 해에 작지만 기념팻말을 설치하는 것은 큰 의미가 있다. 다시 전쟁하는 나라로 만들지 않기 위해 도쿄에서 야마센이 다한 역할도 전해나가고자 한다"고 말한다.

우지와 도쿄를 포함해 전국에는 6개의 야마센회가 있다. 암살 나흘 전에 야마센이 농민에게 한 연설을 기념하여, 나가노 현 우에다 시 벳쇼 온천 지역에도 기념비가 있다. 경찰의 파괴 명령을 받아 숨긴 기념비 재건 시기에 맞춰 매년 10월에는 나가노 야마센회가 기념비 앞 추도제를 연다.

7.
야마센 연보

1889년	5월 28일	야마모토 센지. 아버지 야마모토 가메마츠, 어머니 다네의 장남으로 태어남
1899년	3월	우지 시 토도 소학교 졸업
1901년	가을	고베 중학교 중퇴
1904년	4~7월	도쿄의 도쿄 흥농원에서 원예 견습
1906년	1~9월	도쿄 오쿠마 시게노부의 저택에서 원예 견습, 세이소쿠(正則) 영어학교에서 영어 견습
1907년	4월	캐나다로 건너감. 다양한 노동에 종사하며 하이스쿨에서 공부
1911년	12월	캐나다에서 귀국
1912년	4월	도시샤 보통학교 4학년에 편입학
1914년	3월	도시샤 보통학교 졸업
	6월	마루가미 지요와 결혼
	9월	제3고등학교 입학
1917년	7월	제3고등학교 졸업
	9월	도쿄 제국대학 동물학과 입학. 아내와 아이 둘, 4식구 함께 살며 도쿄에서 학생 생활
1920년	7월	도쿄 제국대학 졸업
	9월	도시샤 대학 예과 강사가 되고, 교토 대학 대학원(의학부)에 입학 이때부터 산아제한 운동과 노동학교 운동에 참가

1926년	1월	교토학련 사건으로 가택수색을 당하고, 3월 도시샤 대학 강사 퇴직
	5월	노농당 교토 시가 지부 결성에 참가해 교육출판 부장이 됨
1927년	4월	중의원 교토 제5구 보궐선거에 노농당 후보로 입후보해 낙선
	12월	노농당 교토 부련 집행위원장에 선출됨
1928년	2월	제1회 보통선거 교토 제2구에 노농당 후보로 입후보해 당선 국회의원으로서 치안유지법에 반대하며 투쟁
	3월 15일	치안유지법을 적용한 '3.15 공산당 탄압사건'
1929년	3월 5일	도쿄 간다 숙사인 고에이칸에서 우익 단체원에 의해 피살
	3월 15일	'야마센 와타마사 노농장'이 교토 산죠 청년회관에서 거행

후기

지금까지 나온 야마모토 센지에 대한 기록은 많습니다. 하지만 야마모토 센지의 생애를 간결하고도 쉽게 전하자는 요청이 있어 야마모토 센지 탄생 120년, 서거 80년 기념사업의 일환으로 이 책을 출판합니다.

발간을 위해 '하나야시키 우키후네엔'으로부터 자료를 제공받고 우지 야마센회의 사토 요시히사, 아부타 히데오, 고마츠 마사아키가 편집하고, 카모가와 출판사의 도움을 받았습니다.

_2009년 5월 28일, 우지 야마센회

8.
참고문헌

『야마모토센지 전집』 전7권, 쵸분샤汐文社

『야마모토 센지』 상하, 사사키 도시지佐々木敏二, 후지不二 출판

『야마모토 센지 사진집』 사사키 도시지佐々木敏二와 오다기리 아키노리小田切明德 후지 출판

『야마센』 니시구치 가츠미, 오사카 야마센회(復刻)

『추억의 야마모토 센지』 타무라 유키오, 쇼와도昭和堂

『야마모토 센지의 생애-야마센의 인품과 사상』 도시샤 야마센회

시집 『청명의 계절』 야마모토 하루코, 세이지샤青磁社

『청춘 이야기-야마센 캐나다 시절의 궤적』 가바 아키라樺朗

『만화 야마모토 센지』 요시다 히데카즈, 기관지공동출판

『시마자키 도손島崎藤村의 질녀 고마코의 「신생」』 혼조 유타카本庄豊 우지 야마센회

『탄압의 역사』 시오다 쇼베이 塩田庄兵衛, 로도슌포샤労働旬報社

『폭풍우에 맞서』 일본국민구원회

『해방의 초석』 해방운동 희생자 합장추도회 중앙실행위원회

『일본공산당 80년』 일본공산당 중앙위원회

『여기에 「역사교과서」 문제의 핵심이 있다』 후와 데츠죠不破哲三, 신일본출판사

그 외 다수의 자료

9.

야마센 연고지

•우지 편•

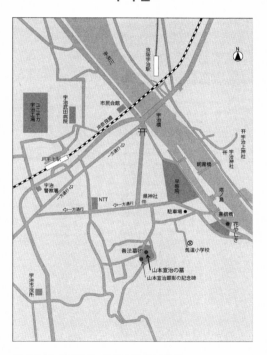

하나야시키, 야마센 묘, JR 우지 역, 보도인 등

•교토 편 •

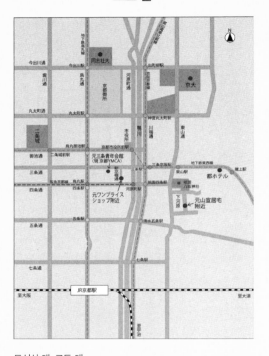

도시샤 대, 교토 대

전 야마센 주택 부근(시모가와하라)

전 '원 프라이스 숍' 부근(신쿄고쿠)

전 산죠 청년회관(현 교토 YMCA)

미야코 호텔, JR 교토 역 등

•도쿄 편•

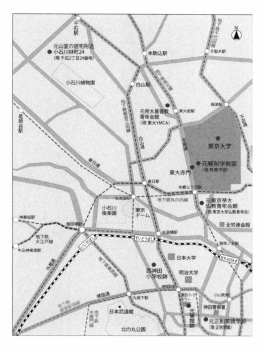

도쿄 대학

전 야마센 거주 주택(전 고이시가와 하야시 쵸, 현 센고쿠 2쵸메 24번지 부근)

전 도쿄 제국대학 기독교청년회관(현 도쿄 대학 YMCA)

전 도쿄 대학 불교청년회관(현 도쿄 대학 불교청년회)

전 세이소쿠正則 영어학교(현 세이소쿠 학원)

고에이칸 터, 니시칸다 초등학교 터

도쿄 대학 아카몬赤門, 전 해부학교실(현 교육학부) 등

3부

등 뒤에서 지지하는
대중이 있으므로

1.
어떤 이의 죽음이
더 많은 죽임의 예고가 될 때

노순택 · 분단체제가 파생시킨 작동과 오작동의 풍경을 수집하는 사진사

唯
生
唯
戰

　　20여 년 전 영국에서 결성된 반전평화단체 트라이던트
플라우셰어스(Trident Ploughshares)의 슬로건은 이름 그대
로 "무기를 (녹여) 쟁기로!"다. 이 단체의 설립자 엔지 젤
터와 동료들은 1999년 스코틀랜드의 핵잠수함 내 실험실
에 잠입해 컴퓨터와 실험기구들을 바다에 던져버린 혐의
로 체포돼 법정에 섰다. 그들은 떳떳하게 무죄를 주장했고, 치열한
법정공방 끝에 대법원은 이들의 손을 들어줬다. 더 큰 해악을 막기
위한 행동에 죄를 물을 수 없다는 것이었다.

　엔지 젤터는 체포와 투옥을 마다않는 행동가였고, 활동은 전 지
구적이었다. 전쟁의 가장 큰 특징은 한 곳에 머무르지 않는다는 점

이다. 반전운동이 한 곳에 고여 있을 수 없는 이유다. 100여 차례의 체포와 연행에도 불구하고 엔지는 투쟁을 멈추지 않았다. 2012년 노벨평화상 후보에 올랐던 이 할머니 활동가는 같은 해 제주도에서 열린 국제평화회의에 참석했다가 그만 강정마을에 눌러앉고 말았다. 오래된 마을공동체를 갈가리 찢고 미국의 아시아태평양 군사 전략의 디딤돌이 될 해군기지 건설이 강행되는 현장 앞에서 당분간 집에 돌아가지 않을 결심을 굳힌 것이다.

길게 이어진 너럭바위와 아름다운 해안습지가 어우러진 '구럼비'를 파괴하기 위해 폭약이 운반될 때 강정마을 주민들과 한국의 평화 활동가들은 서로의 몸을 묶어 인간 저지선을 만들었다. 엔지는 그들과 함께 했다. 끝내 폭파가 강행되던 날 새벽, 많은 이들이 철조망을 뚫고 공사장 안으로 잠입했다. 엔지는 카약을 타고 바다 쪽에서 접근했다. 사방에서 경찰이 몰려들었다. 그때 엔지가 펼쳐든 건 우주에서 내려다 본 푸른 지구가 새겨진 깃발이었다.

엔지는 강정에서도 여러 번 체포됐다. 경찰 조사에선 묵비권을 행사하며 "내 이름은 구럼비"라고 말했다. 결국 추방됐다. 숱한 이들의 피눈물 따위 아랑곳 않는다는 듯 해군기지는 완공되었다. 이 군사기지 문제는 당신의 삶과 무관할까, 그저 남의 고통일 뿐일까. 은발의 할머니 활동가 엔지 젤터가 제주에 머물며 가장 힘주어 했던 말은 이것이었다. "우리는 연결되어 있다!"

나로선 처음 듣는 이름, 야마모토 센지를 읽으며 머릿속에 맴 돈

건 그의 삶과 죽음이 내 곁의 풍경 어느 언저리와 연결되어 있을까 하는 생각이었다. 풍경을 보는 건 내겐 일이다. 나는 풍경을 읽으려 애쓴다. 풍경의 의미를 생각하고 공부한다. 세상에 무의미한 풍경이 있을까. 지구에서 펼쳐지는 풍경에 인간과 사회와 역사가 스며들어 있지 않은 '그저 풍경일 뿐'이란 없다. 모든 풍경은 공통분모를 가진다. 모든 인간이 그렇듯.

야마모토 센지가 살았던 그리고 죽었던 시간과 공간의 풍경을 읽는 건 낯설되 익숙한 일이었다. 그 시대 한국과 일본은 강요된 공통의 시간을 보냈고, 형식은 달라졌으나 두 나라는 여전히 공유할 상처의 풍경을 안고 있다.

그가 죽음을 무릅쓰고 반대했던 치안유지법은 말 그대로 치안을 유지하기 위한 법이 아니었다. 정치적 반대자를 억압하고 사회 개혁을 저지하려는 수구세력의 책동만도 아니었다. 치안유지법은 치안이라는 명분 아래 전쟁 반대의 금지된 외침을 압살하고자 만들어진 법 위의 법이었다. 일본 제국주의자들이 만든 '치안유지법'을 일본 국내법으로만 볼 수 없는 이유다. 예나 지금이나 전쟁의 가장 큰 피해자는 가난하고 힘없는 이들이다. 이런 현상은 침략국과 피해국 모두에서 나타난다.

야마센은 가난한 이들을 '총알받이'로 내모는 데 반대했다. 정부가 강력하게 추진한 "낳자 늘리자"라는 출산정책이 노동자와 농민의 삶을 파괴하고 전쟁광의 이익에 복무할 뿐임을 깨달은 의사였다. 앎에 멈추지 않고 몸으로 뛴 행동가였다. 노동자 농민을 위한 피임법 강의가 대중의 호응을 얻을수록 그를 향한 감시와 검열의 눈초리도 매서워졌다.

1925년 보통선거법이 공표됨과 거의 동시에 치안유지법이 강행되었다는 사실은 민주주의를 허수아비로 만들고 무슨 수를 써서라도 전쟁을 이어가겠다는 전쟁광들의 야욕을 노골적으로 보여준다. 야마센은 고심 속에 정치의 소용돌이 속으로 뛰어들었다. 의사의 양심이 의료 행위에 머무를 수 없다는 깨달음 끝에 그가 든 깃발은 노동자 농민의 당이었다. 1928년 그의 당선은 집권 세력에게 불편함 그 이상이었다. 야마센은 어쩌면 죽을지라도, 어쩌면 죽을 줄 알면서도 치안유지법 개악에 반대했다. 꼭 1년 뒤 그가 맞은 죽음은, 죽임이었다.

1925년 5월 12일 일본제국 법률 제46호로 발효된 뒤 1928년 한층 개악된 치안유지법은 식민지 한반도에도 그대로 적용돼 독립투사를 가두고 죽이는데 악랄하게 이용되었다. 1945년 한일 양국을 점령한 미국은 치안유지법을 폐지하지만, 1948년 12월 1일 한국에서 제정된 국가보안법은 이름만 다를 뿐 치안유지법을 그대로 베낀 것이었다.

치안유지법이 낳은 괴물 국가보안법은 21세기에도 살아남아 오늘까지도 한국인의 사상과 양심을 때론 노골적으로 때론 은밀하게 옥죄고 있다. 국가보안법에 맞서 싸웠던 한국의 수많은 야마센들 또한 체포와 투옥, 고문과 죽음을 감내했음을 기억한다면, 야마센의 투쟁은 야마센만의 투쟁이 아니며 그와 우리가 이토록 아프고 끈질기게 연결되어 있음에 탄식하지 않을 수 없다.

야마센의 장례식은 경찰의 삼엄한 감시 속에 1929년 3월 15일에 치러졌다. 3월 15일의 역사는 한국에서 다르지만 같게 씌어졌다. 1949년 3월 15일 이른바 '불온교사' 1641명이 전국에서 검거되었다. 1955년 3월 15일엔 '고위층' 관련 기사제목에 '괴뢰'라는 글자를 실수로 넣은 동아일보 기자들이 국가보안법 위반으로 구속되었다. 1960년 3월 15일 이승만 정권은 장기집권을 위한 총체적 부정선거를 자행했다. 1974년 3월 15일엔 울릉도 거점 간첩단 사건으로 정당인 의사 대학교수 등 46명이 구속됐다. 1990년 3월 15일 서강대 학생들이 북한가극을 공연한 혐의로 국보법 위반으로 구속되었다. 2002년 3월 15일엔 북파 공작원 2백여 명이 보상을 요구하며 서울 도심에서 가스통에 불을 붙이고 극렬 시위를 벌였다. 3월 15일에 벌어진 이 낱개의 사건들은 전혀 별개의 사안이지만, 실은 연결되어 있다.

야마센에게 날아 들었다는 자결 권고서의 섬뜩함은 한국 사회를 유린해 온 빨갱이라는 낙인의 섬뜩함과 닮아 있다. 빨갱이는 죽여도 좋다는 전쟁광들의 선동은 일본과 한국의 숱한 양심들을 죽음으로 몰아넣는 명령이었다.

야마센의 추모비를 둘러싼 가슴 저린 사연은 내게 평택 대추리를 떠올리게 한다. 당국은 야마센의 추모비가 "단순한 묘가 아니라 기념비기 때문에" 건립을 허가하지 않았다. 야마센의 이름을 지우고 비문을 시멘트로 메운 뒤에야 추모비는 건립되었다. 하지만 야마센의 친구들은 어두운 밤 시멘트를 긁어낸 끝에 글자를 살려냈다. 시멘트를 긁던 그 심경이 어땠을까.

2005년 평택 대추리의 소박한 농민 공동체를 부수고 초대형 미군기지를 강행하던 한

2006년 경찰의 폭력적인 행정대집행으로 무너져 내린 대추분교. 노순택

국 정부는 농민들이 농사를 멈추지 않자 수천 명의 진압 경찰과 중장비를 동원해 수로에 시멘트를 부어 물길을 끊었다. 그날 밤, 경찰이 철수한 뒤 농민과 평화 활동가들은 손으로 그 막대한 양의 시멘트를 걷어냈다. 그 밤, 시멘트를 걷던 심경이 어땠을까.

감시와 검열로 얼룩진 야마센의 장례식 풍경이 후대에 전해질 수 있었던 건, 기록을 중요하게 여겼던 가족과 친구들의 의지 덕분이었다. 위험을 무릅쓴 채 카메라를 드는 일은 예나 지금이나 용기를 쥐어짜야만 하는 일이다. 괴물이 지배하는 사회에선 가난하고 힘없는 이들과 어깨동무하는 것도, 아픈 데를 치료하는 것도, 그들

의 투쟁을 기록하는 것도 불온한 짓이 되고 용기를 내야한 하는 일이 되곤 한다.

나는 야마모토 센지를 알기 전에 '민의련' 친구들을 오래 전부터 알아왔다. 그렇지만 그 민의련이 야마센의 죽음을 계기로, 그의 뜻을 잇기 위해 결성되었다는 사실은 오늘에서야 알았다. 야마센의 삶과 죽음은 내 친구의 삶과 무관치 않았고, 친구의 삶은 나의 삶과 무관치 않다. 우리는 연결되어 있었다.

야마모토 센지는 증오의 정치, 죽음의 정치에 반대했다. 일방적인 희생을 애국으로 미화하는 정치를 혐오했다. 그는 입버릇처럼 "나는 붉은 깃발 아래 죽는다"고 말했다. 그가 끝내 붙들고자 했던 붉은 깃발은 내게 구럼비가 파괴되던 날의 새벽 엔지 젤터가 붙들고 있던 푸른 지구의 깃발을 떠올리게 한다.

침략국 일본에서만 3백만 명이 목숨을 잃었다는 사실은 헤아리기 어려운 피해국 희생자들의 수를 짐작케 한다. 야마센의 딸 하루코는 아버지를 기억하는 시에 이렇게 썼다. "그 3백만의 죽음에 앞서 (전쟁) 훼방꾼 야마센의 죽음이 있었다."

어떤 이의 죽음은 더 많은 '죽임들'의 예고가 되곤 한다.

야마센의 죽음이 그랬다. 그는 이미 죽었지만, 또 다른 야마센은 어디에나 있을 것이다.

죽은 야마센이 살아있는 야마센들과 연결되어 있다는 사실, 그것이 오늘의 우리를 손잡게 하는 건 아닐까.

2.
훌륭한 교사로
모범을 보인 야마센

박중현 · 전국역사교사모임 한일교류회, 영등포여고 교사

唯
生
唯
戰
　　한국의 역사교사모임은 1987년 6월 항생 이후 올바른 역사교육을 실천하기 위해 만들어졌습니다. 일본의 역사 왜곡이 본격화되던 2000년에 이대로 두고 볼 수 없다는 심정에서 일본의 평화교육을 실천해온 일본의 역사교육자들과 교류하고 있습니다. 이런 교류 덕분에 야마모토 센지의 기념관을 세 번이나 들를 수 있었습니다. 곰팡내 나는 고서들과 야마센 관련 자료들이 가득한 그곳이 친근하게까지 느껴졌습니다. 아마도 그의 삶이 고통받는 사람들과 함께 한 것이기에 친근한 이웃집 아저씨로 다가오는지도 모릅니다.

　　저는 여러 이유로 종종 일본에 갑니다. 이때 일본 거리에서 '한

국인은 일본을 떠나라'는 혐한 시위도 목격했습니다. 한국 언론에서도 이들에 대해 자극적인 보도를 이어가고, 기사 밑에 달리는 댓글에는 일본 정부는 물론 일본인 전체에 대한 욕설이 가득합니다. 하지만 일본 우익의 혐한 시위를 반대하는 양심적인 일본 시민들에 대한 기사는 찾아볼 수 없습니다. 일본 우익의 혐한 시위를 막아서는 양심적인 일본인들은 자신들의 활동을 "나는 한국을 위해 싸우는 것이 아니다. 내가 사는 이곳에 정의와 평화가 함께하도록 노력하는 것"이라고 말합니다. 자신들이 경비를 부담해서 재판도 진행합니다.

  제가 20여 년 가까이 한일 역사 교육자 교류를 계속하고 있는 것도 위와 같은 양심적인 일본인들을 많이 만났기 때문입니다. 하지만 한국과 일본 언론의 국수주의적인 보도가 역사 교사들의 눈과 귀를 막는 경우가 많습니다. 지난 2007 개정 교육과정 때 저는 「동아시아사」 교육과정을 만들고, 교과서를 집필한 관계로 교사 연수에 강사로 나서기도 합니다. 그럴 때마다 한일 관계에서 일본과 일본인을 구별해서 생각하고, 일본의 양심적 세력들의 활동에 귀를 기울여야 한다고 말합니다. 그러면 고개를 갸우뚱하며 불쾌한 태도를 보이는 교사들이 생각보다 많았습니다. 그래서 저는 2000년대 들어 일본에서 역사교과서 왜곡, 야스쿠니 신사 참배, 독도 영유권 주장 등을 하면서 한일 간의 역사 전쟁이 시작되었을 때, 한국과 일본의 양심적인 역사 교육자들이 어떻게 연대하여 막아왔는지 자신

있게 설명합니다. 한중일의 연구자 교사 시민들은 그동안 공동의 역사 교재도 펴내고, 동아시아의 평화를 정착시키기 위한 역사 교육을 위해 정기적인 교류와 실천을 계속해 오고 있습니다.

한국의 역사 교사들과 교류하고 있는 일본의 역사교육자 협의회('역교협')는 작년 한국 대법원에서 미쓰비시 징용 피해자에 대한 보상 판결을 내리자, 아베 정부와 대다수 일본인이 비판하는 가운데서도 한국 대법원의 판결을 지지하는 성명을 발표합니다. 성명서의 마지막에는 "일본 정부와 피고 기업은, 과거 징용공이 입은 중대한 인권 침해 실태와 성실하게 마주하고, 피해자의 명예와 존엄을 회복하기 위해 노력해야 한다"고 밝히고 있습니다.

양심적인 일본인들에 대해 학생들에게 가르칠 때, 저는 한국의 민족운동과 독립운동에 도움을 준 후세 다츠시, 가네코 후미코 등의 인물을 듭니다. 하지만 역사 교사로서 제가 가장 본받고 싶은 일본인 중에는 야마모토 센지(이하 야마센)가 있습니다.

머리는 차갑고 가슴은 따뜻한 교사

야마센은 일본 정부가 병사 수를 늘리기 위해 출산 장려 캠페인을 벌이는 것에 맞서 싸웁니다. 생명의 존엄과 다산으로 고통 받는 여성의 자기 결정권을 과학적으로 가르치고, 소작농과 노동자의 아내들에게 알기 쉽게 산아 제한 교육을 펼친 야마센은 강단에서 학생들에게도 성은 부끄럽고 꺼릴 것이 아니라며 왜 산아 제한이 필요한지 과학적으로 가르칩니다.

가부장제 관습이 아닌 평등 교육을 실천한 교사

야마센은 집안 일과 아이들의 식사 당번을 맡고, 아내와 아이들에게 자상한 말과 행동으로 가정교육을 실천하는 아버지이자 교사였습니다. 장애를 가진 큰딸의 건강이 혹여 자기 탓일까 마음 아파하며 돌보는 태도는 개인의 자유와 사회의 민주화에 대한 활동에도 이어집니다. 약자에게 약하고 강자에게 강한 그가 존경스러운 이유입니다.

사회 문제에 관심을 가지고 노동자 농민의 편에 선 교사

당시 일본의 생물학이 우생학과 진화론에 빠져 강한 일본, 제국주의 일본을 지지할 때, 야마센은 노동자와 농민의 삶을 조금이라도 개선하기 위해 학자로서의 양심을 가지고 사회적 실천에 나섭니다. 그가 거리의 교사로서 활발하게 활동하면 할수록 대학 교수 자리도 빼앗기고 위협 받게 되지만 그 위험을 무릅쓰고 노동자와 농민 교육에 앞장선, 진정한 스승의 모범을 보여주었습니다.

전쟁 반대와 평화를 합법적인 방식으로 외친 평화운동의 선구자

야마센이 전쟁 반대를 외쳤던 그 때는 일본이 제국주의 침략 전쟁을 통해 식민지를 확보하고 영토와 국가의 부를 확대하려 강력한 제국주의 정책을 추진하던 시기입니다. 그리고 침략 전쟁을 반대하던 세력을 치안유지법으로 사형까지 시키도록 개악하고, 국수주의 사상을 가진 우익들은 공공연하게 테러를 자행합니다. 당시 우리나라의 독립 운동가들의 민족 운동도 야마센이 반대했던 치안유지법으로 투옥에 고문에 사형을 당합니다.

당시 일본 사회의 분위기는 일본 정부의 정책과 탄압에 압도되어 그저 순응하던 분위기였습니다. 야마센은 자신의 전쟁 반대와 평화 운동으로 인해 죽을 수 있음을 알면서도 멈추지 않고, 지식인으로 자신의 신념을 지키며, 그것이 정치인으로서 자신의 책임이라고 생각합니다.

소리없는 아우성으로 자신에게 지지를 보내는 대중을 믿고, 국회의원으로서 합법적인 방식으로 끝까지 평화운동을 전개한 야마센은, 오늘날 일본의 양심으로, 평화헌법을 지키는 등대가 되어 빛을 발하고 있습니다.

저도 이 귀한 책과 더불어 교육 현장에서, 국경을 초월해 그의 후예들이 될 아이들과 인권과 평화 그리고 민주주의에 대해, 함께 생각하고 많은 이야기 나누려 합니다.

3.
약자와 연대하던
일본의 뜨거운 양심,
야마센 의원

이정미 · 정의당 대표

唯
生
唯
戰 　'예정된 실패'를 알고도 나아가는 인간의 우직함이야말로, 인간이기에 가능한 지고지순한 아름다움일 것입니다. 1920년대 중후반, 일본 제국은 군국주의로 나아가며 전쟁으로 가는 길을 닦았습니다. 악명 높은 치안유지법을 공표하고 식민지 조선의 무수한 독립운동가들을 비롯해, 일본 정부에 반대하는 이들을 탄압하고, 사상의 자유에 족쇄를 걸었습니다.

　단 한명 반대 의사를 밝힌 제국 의회 의원 야마모토 센지. 그는 민주주의라는 보편 가치를 끝까지 옹호했습니다. 제국 국회에 입성

한 진보 정치인은 그 말고
도 7명이 더 있었지만, 그
를 제외한 모두가 '어쩔 수
없는' 분위기에 휩쓸려 타
협과 투항으로 돌아섰습니
다. 오직 야마모토 센지만
이 타협과 투항을 거부하
다가 우익 테러범에 희생
당했습니다. 그 의연함으
로 인해 그는 지금도, '일
본의 양심'으로 추앙받고
있습니다.

하나야시키 자료관

공교롭게도 야마모토 센지가 반대한 치안유지법은 한국의 국가
보안법으로 버젓이 살아 있습니다. 국가보안법 폐지를 촉구하며 15
년 전 장기 단식농성에 함께한 바 있습니다. 보안법은 식민 지배와
냉전 그리고 독재 정치의 상흔처럼 남아 민주주의라는 보편 가치의
실현을 막고 있습니다.

그는 값싼 노동력과 최대한의 군사력 확보를 위해 '무조건 낳자'
는 다산 정책으로 몸과 마음은 물론, 생활까지 피폐해지던 여성의
인권을 위해 싸웠습니다. 무려 100여 년 전 여성의 자기 결정권을

주장하며 피임과 산아제한 운동에 앞장섰으며, 우생학에 빠지지 않는 균형감도 갖췄습니다. 일본인으로서 중국 침략을 반대한 소수파이기도 했습니다. 그러한 그의 기본적 정치철학은 '약자와의 연대'였습니다.

"작년 4월 재계 공황 때 임시의회는, 우리 민중에게서 짜낸 혈세 7억을 소수 재벌에게 만장일치로 주었으나 당시 가장 혹독한 타격을 입은 우리에게는 한 푼도 내주지 않았다. (…) 지금은 우리 함께 고통 받고 있는 모든 동지, 농민 노동자 소상인 모두가 굳게 손을 잡고 진정한 우리 대표를 뽑지 않으면, 우리 생활의 안정과 향상은 절대로 바랄 수 없다."

야마모토 센지가 의원 선거에 도전하며 연설했던 내용의 일부입니다. 100년의 시차만큼 먼 얘기입니까? 현해탄 거리만큼 남의 나라 이야기일까요? 한일 양국이 모두 불평등 양극화 사회로 몸살을 앓고 있는 지금, 야마모토 센지의 '연대의 정치'는 더욱 기억되어야합니다. 아니, 그의 눈부신 생애에 비춰 소개가 늦은 감이 있습니다. 뜨거운 가슴을 환기하고 싶을 때 이 책의 일독을 권합니다.

4.

내 인생의
'야마 센'들

최규진 · 인도주의실천의사협의회 인권위원장, 인하대학교 의과대학 조교수

唯
生
唯
戰

　　제가 처음 '야마 센'을 만나게 된 것은 의대를 졸업하고 대학원에서 의학 역사를 공부하며 석사 학위 논문을 쓸 때였습니다. 지금은 행여 누가 찾아 읽어 볼까 두려운 논문이지만, 당시 제 눈엔 『태백산맥』에 버금가는 대작이었습니다. 그 '대작'의 주인공은 이미륵이라는 인물이었죠. 『압록강은 흐른다』라는 독일 소설의 작가로 알려져 있지만, 원래 그는 경성의학전문학교를 다녔던 의학도였습니다.

　　이미륵이 조선의 의학도에서 독일의 소설가가 되기까지는 수많은 역경이 있었습니다만 가장 큰 삶의 변곡점은 3.1운동이었습니다. 이미륵은 졸업을 꼭 1년 앞둔 3학년의 끝자락, 3월 1일에 파고

다 공원에 있었던 것이죠. 사실 이미륵은 주동자도 아니었고 일경에 잡힌 것도 아니어서, 그저 조용히 학교로 돌아가면 무난하게 의사가 될 수 있었습니다. 하지만 그는 요동치는 가슴의 소리를 외면하지 않았습니다. 3.1 운동 참여 후 상해로 건너가 임시정부에서 독립운동을 이어나가죠.

하지만 이미륵은 1년 남짓 임시정부 활동을 접고 독일행을 결심합니다. 파벌싸움만 하는 지도부들에게 실망을 한 탓이겠죠. 하지만 그는 독일에서도 식민지 지식인으로서의 양심을 저버리지 못했습니다. 브뤼셀에서 열린 피압박민족대회에 조선 대표로 참여해 독립운동의 불씨를 살리고자 안간힘을 쓰죠.

이 피압박민족대회에는 김법린, 허헌, 이극로 같은 당대 유명한 인물들이 함께했습니다. 그리고 이들과 함께 동행한 또 의외의 인물이 있었는데, 바로 가타'야마 센'片山 潛이었습니다. '압박민족'의 국민으로서 피압박민족의 독립을 도왔던 가타야마 센은 이미륵만큼이나 제 호기심을 자극했습니다. 특히 『동아일보』 1927년 5월 14일에 실린 사진 한 장은 아직도 제 기억에 또렷이 남아있습니다.

다소 어색해 보이는 이미륵 옆에 일본공산당의 수장답게 넉넉한 웃음으로 함께 서있던 가타야마 센. 피압박민족의 혈기왕성한 청년과 압박민족의 노련한 사회주의자는 어떤 얘기를 나누었을까요? 한 장의 사진밖에 남은 자료가 없지만 그 사진 한 장이 전해주는 감동은 적지 않았습니다. 더 나은 인류의 미래를 위해 세대를 뛰어넘고 국경을 뛰어넘고자 했던 사회주의자의 진정성이 느껴졌기 때문이죠.

이 책의 주인공이기도 한 또 다른 '야마 센'은 박사 학위 논문을 쓰던 시절에 만났습니다. 논문 주제가 일제의 식민지 의료정책이었기에 자주 일본을 방문하던 때였죠. 어느 날 도시샤 대학에 있는 윤동

우지 강변 윤동주 시인 기념비

주 시비를 찾게 되었고, 그가 치안유지법으로 잡혀가기 전 마지막으로 소풍을 갔던 교토 외곽의 우지 강변까지 가보게 되었습니다.

그런데 함께 간 분이 이 우지 강변에는 치안유지법과 관련된 또한 명의 유명한 인물이 있다고 했습니다. 바로 야마모토 센지였습니다. 윤동주를 죽음으로 몰고 간 그 치안유지법을 목숨 던져 막고자 했던 단 한 사람, 또 한 명의 '야마 센'이었습니다.

이 '야마 센'은 가타야마 센과도 인연이 깊었습니다. 바로 가타야마 센이 초석을 놓아 일본공산당이 만들어지고, 그 일본공산당의 첫 의회 진출이 야마 센에 의해 이루어진 것이니까요. 하지만 그건

단지 명예스러운 일이라고 말하기는 어려울 것입니다. 그 시절 공산당이라는 이름을 내걸고 치안유지법을 막아선다는 게 얼마나 힘든 일이었을까요? 1920년대 말, 파시즘이 고개를 들던 상황에서 홀로 반대의 목소리를 낸다는 것은 분명 죽음을 각오한 일이었을 것입니다.

'홀로 보루를 지키다, 그러나 나는 외롭지 않다, 등 뒤에서 지지하는 대중이 있으므로'라는 야마 센의 묘비 문구를 읽었을 땐, 눈물을 떨구지 않을 수 없었습니다. 더불어 '일본이 그때 야마 센의 말을 들었더라면 윤동주는 죽지 않았을 텐데…' 하는 부질없는 생각도 들었습니다. 하지만, 윤동주 같은 희생자가 나올 것을 염려하며 치안유지법을 막아섰던 일본인이 있었다는 사실만으로도 큰 위로가 됐습니다.

그 후 제가 '야마 센'을 다시 만난 건 학위를 마치고 이런저런 단체에 속해 활동을 할 때였습니다. 한국 시민사회 운동으로부터 배우고 싶은 게 많다며 '민의련'民醫連(전일본민주의료기관연합회의 약칭)이란 일본 의료 단체가 노크를 해 왔죠. 그렇게 시작된 민의련과의 인연은 매년 히로시마와 나가사키에서 열리는 원수폭금지 세계대회에 참가하는 정기 교류로 이어졌습니다.

그렇게 인연이 깊어지다 보니 자연스레 민의련의 역사에 대해 알게 되었고, 그 뿌리에 '야마 센'의 정신이 아로새겨져 있다는 사실을 알게 되었습니다. 야마 센의 죽음을 추모하기 위해 모였던 사람들이 만든 '노동자 농민의 병원(무산자 진료소)'이 바로 민의련의 전신이었던 것이지요.

그리고 그 정신은 민의련의 소개 글에 단지 박제처럼 담겨만 있지 않았습니다. 그들의 실천을 보며 수많은 '야마 센'들이 살아 숨 쉬고 있음을 느낄 수 있었죠.

먼저 지금은 고인이 된 히다 슌타로肥田舜太郎 선생님이 떠오릅니다. 본인이 피폭자인데도 평생을 의사로서 피폭자들을 돌보는 데 삶을 바친 분입니다. 또한 국가와 제국주의의 억압에 굴하지 않고 수많은 증언과 기록들은 남김으로 전 세계 반핵운동과 반전 평화운동에 기여했습니다.

한국의 반핵의사회도 1주년 기념 초청 강연으로 히다 슌타로 선생님을 모셨습니다. 96세의 고령의 몸을 이끌고 한국까지 오셔서 젊은 학생들의 질문에 쩌렁쩌렁한 목소리로 답하시던 모습이 잊히질 않습니다. 그중 특별히 기억나는 질문과 답이 하나 있습니다.

"수많은 피폭자를 치료해 오셨는데, 피폭된 사람들에게 의사로서 해줄 수 있는 특별한 처방이 있나요?" 어떤 학생이 물었습니다. 히다 슌타로 선생님은 웃으시면서 하지만 단호하게 대답하셨습니다. "피폭된 사람들에게 의사로서 특별히 해줄 수 있는 것은 없습니다. 그래서 피폭의 위험이 없는 사회를 만드는 것이 중요하지요." 인류의 미래를 고민하는 한국의 청년과 일본의 노인을 보며 순간 제 눈에는 이미륵과 가타야마 센의 모습이 스쳐 지나갔습니다.

또 떠오르는 한 분은 아자미 쇼조昞昭三 선생님입니다. 가나자와金沢 민의련 병원에서 평생토록 환자를 돌보며, 일본 의사들의 전쟁 범죄를 파헤치고 계신 분입니다. 아마 731부대 문제는 일본이 가장 감추고 싶은 역사 중 하나일 것입니다. 은폐를 도왔던 미국 역시 달갑지 않겠죠. 특히 일본 의학계로서는 역사적 사실보다 이걸 들춰내는 내부자가 있다는 것이 더 끔찍할 수 있습니다.

많은 억압 속에서도 아자미 선생님은 평생 731부대의 전쟁 범죄를 폭로해 오셨습니다. 심지어 자신이 나온 가나자와 의과대학의 스승들이 731부대와 연관되어 있다는 것까지 밝히며, 일본과 일본 의학계의 반성을 촉구해 왔습니다. 그의 신념은 단순합니다. 인류 역사에 다시는 이런 일이 있어서는 안 된다는 것이죠.

731부대 연구를 위해 찾아간 저에게 아자미 선생님은 '가나자와에 왔으면 나만 만나고 가면 안 되지' 하시며, 윤봉길 의사 암매장지로 데리고 갔습니다. 윤봉길 의사 암매장지에서 묵념을 하시는 선생님을 보며, 제 눈에는 그 순간 윤동주와 야마 센의 모습이 스쳐 지나갔습니다.

이렇게 제 삶을 스쳐간 수많은 '야마 센'을 떠올리며, 지금 나의 모습을 한번 돌이켜 봅니다. 얼마나 쉽게 이런저런 부당한 억압에 굴복하고 마는지…. 그리곤 또 얼마나 쉽게 자기 합리화를 하는지…. 심지어 이젠 그러고 있다는 것조차 느끼지 못할 때가 많습니다.

'이젠 그렇게 살아도 되는 세상이니까'라고 변명해 보지만, 아직이 세상엔 폭력과 불평등이 넘쳐납니다. 우리가 발 딛고 있는 이 땅에서도 수많은 노동자들이 하루에도 몇 명씩 죽어나가고, 평범한 사람들이 하루에도 몇 십 명씩 스스로 목숨을 끊고 있습니다. 윤동주와 야마 센이 하늘나라에서 편히 지내기란 도저히 불가능한 현실인 거죠.

얼마 전 인도주의실천의사협의회 30주년 기념식에 오신 민의련 선생님들께서 야마 센 묘비 탁본을 선물로 주셨습니다. 덕분에 다시 한 번 '홀로 보루를 지키다, 그러나 나는 외롭지 않다, 등 뒤에서 지지하는 대중이 있으므로'라는 문장을 들을 수 있었습니다.

그리고 덧붙여 드디어 야마 센 묘지와 가까운 우지 강변에 윤동주 시인의 기념비가 세워졌다며, 그 기념비에 새겨진 윤동주의 시도 읊어 주셨습니다. '어제도 가고 오늘도 갈, 나의 길 새로운 길….'

야마 센과 윤동주가 남긴 두 문장을 가슴에 아로새기며 신발 끈을 고쳐 묶어봅니다.

5.
야마센을
그리며

바우 황대권 · 『야생초 편지』 저자. 생명평화마을 대표

唯
生
唯
戰

"검푸른 바닷가에 비가 내리면 어디가 하늘이고 어디가 물이오.
그 깊은 바다 속에 고요히 잠기면 무엇이 산 것이고 무엇이 죽었소.
눈앞에 떠오는 친구의 모습 흩날리는 꽃잎 위에 어른거리오
저 멀리 들리는 친구의 음성 달리는 기차바퀴가 대답하려나.
눈앞에 보이는 수많은 모습들 그 모두 진정이라 우겨 말하면
어느 누구 하나 홀로 일어나 아니라고 말할 사람 누가 있겠소.
눈앞에 떠오른 친구의 모습 흩날리는 꽃잎위에 어른거리고
저 멀리 들리는 친구의 음성 달리는 기차바퀴가 대답하려나."

야마센에 대한 글을 읽으며 나도 모르게 바로 김민기의 「친구」라는 노래를 흥얼거렸다. 젊은 시절 사고로 잃은 친구를 그리며 지은 노래라 하지만 가사 하나 하나에서 야마센의 불꽃 같은 삶이 떠올랐다. 혼돈 속에 빠져 무엇이 옳고 그른지 판단을 유보한 채 권력이 휘두르는 대로 사는 대중들의 무기력한 모습을 보고 분연히 일어선 야마센. 말로 먹고 사는 수백 명의 국회의원들이 모두 입을 다물고 있는 가운데 홀로 일어나 '악법 철폐'를 외치다 무뢰한의 칼에 심장이 관통되어 장렬히 산화한 야마센.

아마도 당대의 보수 논객들은 그를 '소영웅주의자' 또는 '극좌모험주의자'로 폄하하고 조롱했을 것이다. 조선을 병합하고 내친 김에 중국마저 손아귀에 넣으려고 호시탐탐 기회를 엿보고 있는 판에

우지강변

'미치광이 빨갱이'가 난데없이 국회의원에 당선되어 '신성한' 국회에서 군국주의 파쇼 정책을 비판하고 있으니 매국노 반역자가 따로 없었을 것이다. 욱일승천하는 일본국을 위해 그는 죽어 마땅한 인물이었을 것이다.

캐나다 브리타니아 하이스쿨 때 야마센

국회의원 야마센이 목숨을 걸고 반대한 악법이 무엇인가? '치안유지법'이다. 일제는 1910년대에 세계 곳곳에서 자유민주주의 운동과 사회주의 혁명이 빈발하자 천황 중심의 군국주의 체제를 강화하기 위해 치안유지법을 만든다. 원래 이 법은 공산주의자를 처벌하기 위해 입안되었으나 나중엔 국체(천황제)를 비판하는 모든 사람들을 처벌하는 데 악용되었다. 패전 후 미군에 의해 폐지되기 전까지 겨우(?) 20년간 운용된 이 법에 의해 피해를 입은 사람이 일본 내지에서만 75,000명에 이른다고 한다.

겉으로는 일본을 증오하는 척했지만 친일파를 요직에 앉혀 정치를 한 이승만 초대 대통령은 취임하자마자 일제의 치안유지법을 본따 '국가보안법'을 제정한다. 문제는 그 법을 집행하는 법관과 경찰, 군인들이 거의 모두 일제 강점기에 치안유지법으로 동포들을 탄압했던 주체였던 것이다. 처음에 이들은 일본으로부터 배운 것을 답습하다가 나중엔 더욱 악랄하고 교묘하게 발전시킨다. 이승만이 학생들의 데모로 임기도 못 채우고 나라 밖으로 쫓겨나자 그 뒤를 이은 이가 일본 육군 장교 출신인 박정희이다. 그야말로 '제국 시대 일본인보다 더 일본인 같은' 사람이 대한민국의 통치자가 된 것이다.

반공을 국시로 내건 박정희는 자신의 통치 이념에 조금이라도 이의를 제기하는 자는 무조건 '빨갱이'라는 굴레를 뒤집어씌우고 국가보안법으로 처벌했다. 어처구니없게도 동서냉전이 끝난 지 30년이 지난 지금까지도 국가보안법은 건재하다. 국가보안법 옹호자들은 북한 때문에 어쩔 수 없다고 강변하지만 사실은 이 땅의 기득권자들에게 국가보안법은 신념이자 철학이 되어버렸다. 국가보안법이 없으면 당장이라도 대한민국이 공산화되거나 무질서한 혼돈이 온다고 굳게 믿고 있다. 이쯤 되면 '예수천국 불신지옥' 수준의 광신도 집단이나 다름이 없다. 미국의 한 종교 조사 기관이 북한의 주체사상을 종교로 분류했듯이 남한의 반공주의도 종교로 분류함이 마땅하다.

유사 이래 자연재해 말고 가장 많은 인명살상을 가져온 것이 종교 분쟁이었던 것처럼 두 종교는 실로 어마어마한 인명 살상 및 인권 침해의 기록을 가지고 있다. 법무부 자료에 의하면 1968년부터 1990년까지 불과 20여 년 사이에 국가보안법 및 유사 법률에 의한

야마센 피살 당시 가방과 유품들

사형집행 건수만 254건 이며, 전 기간에 걸쳐 이 법을 적용하는 과정에서 죽거나 다친 사람은 수십만, 아니 피해자의 가족과 지인들까지 포함하면 수백만 명에 이른다. '다쳤다'는 것은 신체적 손상뿐 아니라 심리적 트라우마 또는 가정의 붕괴, 인간성의 파괴 등을 다 아우르는 말이다.

나는 쿠데타로 정권을 잡은 전두환 대통령 시기에 국가보안법상 간첩으로 조작되어 무기징역을 살고 나온 바 있다. 이 일로 인해 그때 막 시작된 가정이 무참히 파괴되었고, 가족들은 간첩의 배우자 또는 자식으로 숨어사는 존재가 되었으며 당사자인 나는 평생을 고문의 트라우마를 안고 '빨갱이 간첩'이라는 오명을 뒤집어쓴 채 살아야 하는 운명에 처해졌다.

참으로 인정하고 싶지 않은 사실은 검거에서 출소에 이르기까지 거의 매순간 일제의 '잔재' 또는 '지속'을 느껴야만 했다는 것이다. 수사와 재판 과정의 모든 용어와 관행이 일제 강점기의 그것과 동일했다. 책과 영화에서 보았던 그대로였다. 처음에 징역을 살았던 '서대문형무소'는 독립 운동가들이 투옥되어 옥살이를 하던 곳이고, 일제 때의 조선신궁 바로 옆에 자리한 KCIA 남산본부에서는 60일 동안이나 고문을 받았다. 이러한 불법 구금과 고문의 관행 역시 일제로부터 물려받은 것이다.

야마센을 읽고 감동하는 이유는 온 사회가 미쳐 돌아가는 시기에 뻔히 죽을 줄 알면서 그 악법에 정면으로 맞섰기 때문이다. 한국엔 국가보안법에 의해 희생당한 정치인은 많지만 그에 정면으로 맞서다가 죽은 이는 아직 없다. 그런 용기 있는 정치인이 없기 때문에 이 악법이 아직도 서슬 푸르게 살아 있는 것이다.

야마센이 그렇다. 그가 공산주의자인지 아니면 그 어떤 주의자인지는 중요하지 않다. 그는 반인륜적인 법과 정치 세력에 정면으로 맞서 '아니오!'라고 말한 유일한 국회의원이었다. 저 멀리 어디선가 흩날리는 꽃잎 사이로 그의 음성이 들리는 듯하다. 달리는 기차바퀴 소리와 함께.

_2019년 5월 12일, 94년 전 일제가 치안유지법을 시행한 날에